# 높은 산이 아찔아찔

**FREAKY PEAKS**
BY ANITA GANERI

Text Copyright ⓒ Anita Ganeri, 2001
Illustrations Copyright ⓒ Mike Phillips, 2001
Korean Translation Copyright ⓒ Gimm-Young Publishers, Inc., 2003
All rights reserved.
This Korean edition is published by arrangement with
Scholastic Ltd., London through Eric Yang Agency, Seoul.

이 책의 한국어판 저작권은 에릭양 에이전시를 통한 Scholastic Ltd와의
독점 계약으로 김영사에 있습니다. 저작권법에 의해 한국 내에서
보호를 받는 저작물이므로 무단 전재와 복제를 금합니다.

# 높은 산이 아찔아찔

애니타 개너리 글 | 마이크 필립스 그림 | 오숙은 옮김

주니어김영사

## 높은 산이 아찔아찔

1판 1쇄 인쇄 | 2003. 8. 29.
개정 1판 1쇄 발행 | 2019. 12. 5.

애니타 개너리 글 | 마이크 필립스 그림 | 오숙은 옮김

발행처 김영사 | 발행인 고세규
등록번호 제 406-2003-036호 | 등록일자 1979. 5. 17.
주소 경기도 파주시 문발로 197(우10881)
전화 마케팅부 031-955-3100 | 편집부 031-955-3113~20 | 팩스 031-955-3111

값은 표지에 있습니다.
ISBN 978-89-349-9882-2 74080
ISBN 978-89-349-9797-9 (세트)

좋은 독자가 좋은 책을 만듭니다. 김영사는 독자 여러분의 의견에 항상 귀 기울이고 있습니다.
독자의견전화 031-955-3139 | 전자우편 book@gimmyoung.com
홈페이지 www.gimmyoungjr.com | 어린이들의 책놀이터 cafe.naver.com/gimmyoungjr

이 도서의 국립중앙도서관 출판시도서목록(CIP)은 서지정보유통지원시스템
홈페이지(http://seoji.nl.go.kr)와 국가자료공동목록시스템(http://www.nl.go.kr/kolisnet)에서
이용하실 수 있습니다. (CIP제어번호: CIP2019031948)

**어린이제품 안전특별법에 의한 표시사항**
제품명 도서  제조년월일 2019년 12월 5일  제조사명 김영사  주소 10881 경기도 파주시 문발로 197
전화번호 031-955-3100  제조국명 대한민국  ⚠주의 책 모서리에 찍히거나 책장에 베이지 않게 조심하세요.

# 차례

산에 오르기 전에 ... 7

세계 최고의 산꼭대기에 서서 ... 11

산들이 움직인다고? ... 22

비틀비틀 산비탈 ... 41

기이한 자연 ... 58

산봉우리와 사람들 ... 79

용감한 등반가들 ... 92

산에서 살아남기 ... 114

산을 지켜 내는 방법 ... 137

# 산에 오르기 전에

　세상사는 일이 다 그렇지만 지리에도 오르막길과 내리막길이 있다. 무슨 말이냐고? 우선 아찔아찔한 산들에 관해 배우는 지리 수업을 예로 들어 볼까. 여러분은 책상 앞에 앉아 있다. 지리선생님이 끝도 없이 말씀하시는 동안, 여러분은 멍하니 공상에 잠겨서 자신이 유명해지는 꿈을 꾼다.

　그러나 다음 순간, 여러분의 꿈은 산산조각 나고 만다. 선생님의 고함 소리 때문에 꿈이 깨져 버린 거다. 자아, 이제부터는 계속 내리막길이다.

조산작용이란 높은 산봉우리들이 만들어지는 걸 유식하게 표현한 말이다. 조산은 '아기를 예정보다 일찍 낳는다' 는 뜻도 들어 있지만, 여기서는 '산을 만든다' 는 뜻이다.
그건 그렇고, 도대체 우리는 어디로 체험학습을 가게 되는 걸까?

바로 산이다. 하지만 걱정할 필요 없다. 아침에 침대에서 내려오는 것만으로도 다리가 후들거리는 사람이라면 그럴듯하게 핑계를 대자. 먼저 손을 들고 이렇게 말한다.

고소공포증이란 높은 곳을 무서워하는 증세를 말한다. '고소(高所)' 가 '높은 곳' 이란 건 짐작했겠지. 영어로는 'Acrophobic' 이라고 하는데, 'Acro' 는 '꼭대기' '높은 곳' 을 뜻하는 고대

그리스어이다. 그리스인들은 산봉우리에 대해서도 잘 알고 있었다. 어쨌든 그들이 살던 곳은 지구에서 언덕이 제일 많은 곳이었거든.

 등산이 정말 신나는 일 같기는 한데, 등산하는 것을 싫어하는 사람이 있다면, 실내에서 다음과 같은 걸 연습해 보자. 빠른 걸음으로 계단을 열 번 오르내리는 거다. 힘들겠다고? 여러분도 할 수 있다니까. 만약 집안 어른들이 시끄럽다고 잔소리하신다면 미소를 지으면서 이렇게 대답해 보라. 계단이 있기 때문에 오르는 거라고. 어떤 유명한 등반가가 에베레스트 산에 오르는 건 '그 곳에 산이 있기 때문이다' 라고 말했던 것처럼 말이지!

 이 책에는 바로 그런 등반가 이야기뿐만 아니라, 세계에서 가장 높은 건물보다 더 높고, 바위만큼 오래 살며, 극지방만큼 추운 산봉우리들이 나와 있다. 여러분에게 어서 목숨을 내걸고 용감하게 도전하라고 말을 걸어 올…….

 앞으로 나올 이야기를 살짝 들려 준다면,

● 믿음직한 산악 가이드, 클리프와 함께 세계 최고로 아찔아찔한 산봉우리들을 올라가 본다.

- 도무지 잡히지 않는 설인을 추적해 본다.(만약 설인이 있다면.)
- 세계 최고의 산봉우리에서 바다 조개의 화석을 찾아본다.(진짜로 조개 화석이 있다.)

- 눈사태 속에서 살아날 수 있는 방법을 알아 보자.(살아날 확률은 낮지만 가능하다.)

이건 지금까지 봐 왔던 것과는 전혀 다른 지리학이다. 너무 재미있어서 책을 손에서 놓을 수 없을걸. 하지만 미리 경고해 두는데, 체험학습하러 산에 갈 때는 절대로 이 책을 가지고 가선 안 된다. 거기서 책을 읽었다간 다음 장을 넘기는 순간, 벼랑 끝에서 발을 헛디딜지도 모르니까!

# 세계 최고의 산꼭대기에 서서

1953년 5월 29일, 오전 4시. 네팔의 에베레스트 산.
 지구에서 가장 높은 산 위로 해가 떠오르고 있었다. 몇 킬로미터 범위 안에 있는 주변 산봉우리들이 발갛게 물들고 있었다. 절벽에서 조금 튀어나온 난간에는 바람에 찌그러진 작은 텐트가 아슬아슬하게 걸터앉아 있었다. 텐트 안에는 목숨을 걸고 모험을 하고 있는 두 남자가 있었다.

 그들은 세상에서 제일 높은 꼭대기에 올라가 보려고 한다. 그리고 역사에 이름을 남기려고 한다. 두 사람 모두 목숨을 건 모험이라는 걸 알고 있다. 여지껏 그렇게 높이 올라갔던 사람은 없었다. 얼마만큼 올라갈 수 있는지 아는 사람도 없었다. 하지만 두 사람은 위험을 무릅쓸 각오가 되어 있었다.
 이들은 에드먼드 힐러리(Edmund Hillary)와 텐징 노르가이(Tenzing Norgay)였다. 힐러리는 고향 뉴질랜드에서 가업으로 내려오는 양봉을 이어받아 하고 있었다. 6년이라는 등산 경력이 짧은 편이었지만, 에베레스트 산을 처음 오르는 것은 아니었

다. 노르가이는 네팔 사람이었으며 산에서 나고 자랐기 때문에, 아주 노련했다. 작년에 그는 8,596미터까지 힘들게 올라갔다가 거센 강풍과 꽁꽁 언 날씨 탓에 어쩔 수 없이 내려왔다. 하지만 그것은 초인적인 시도였다. 그런 그가 다시 에베레스트 산에 도전한 것이다. 이번에는 더 잘 해 보리라 결심하고 말이다. 두 사람은 막강한 팀이었다. 둘 다 끈질기고 용감하며, 체력이 좋았다. 그들 앞에 엄청난 도전이 기다리고 있는 만큼, 강인한 기질을 가지고 있어야 했다.

그들이 있는 곳은 제9캠프이자 마지막 캠프, 에베레스트 산의 8,370미터쯤 되는 지점이었다. 제8캠프를 떠난 것은 어제였다. 두 사람은 걱정스러워하며 텐트 밖으로 고개를 내밀었다. 날씨는 맑고, 사방은 조용한 것 같았다. 밤새도록 잠 못 들게 울부짖던 바람은 잠잠해져 있었다. 그렇다고 해도 텐트 안의 기온은 밤새 섭씨 영하 27도까지 곤두박질쳤고, 지독한 추위 때문에 가죽 부츠는 딱딱하게 얼어 있었다. 아침식사로 차와 레몬 주스, 비스킷과 정어리를 먹는 동안, 힐러리는 휴대용 버너 위에 부츠를 올려놓고 열을 가해 녹였다.

한 시간쯤 지난 후, 그들은 마지막으로 산소 탱크와 로프, 피켈을 신속하게 점검하고 출발 준비를 끝냈다. 오전 6시 30분,

노르가이와 힐러리는 작은 텐트를 빠져 나와 정상을 향해 마지막 진격에 나섰다.

이 용감한 팀은 교대로 앞장서면서 남쪽 봉우리(에베레스트 정상 앞에 있는 봉우리)를 향해 천천히 올라가기 시작했다. 그들을 가로막은 첫 번째 장애물은 좁은 바위 능선이었는데, 양쪽은 깎아지른 듯한 절벽이었다. 그 능선을 건너려면 굉장한 체력과 용기가 필요했다. 그러나 그들은 별 탈 없이 해냈다.

하지만 무사히 능선을 건너자마자 또 다른 위험이 기다리고 있었다. 남쪽 봉우리에 가려면 가파른 눈 비탈길을 올라가야 했다. 보통은 피켈을 사용해서 눈 위에 계단을 만들어 올라갔다. 그러나 이곳의 눈은 미세한 눈가루여서, 눈 쌓인 바닥은 얼음 껍질로 덮여 있었다. 그래서 깨진 달걀껍질 위를 걷는 듯한 기분이었다. 얇은 얼음 표면이 발 밑에서 으스러지곤 했기 때문에, 다섯 걸음 나아가면 다시 세 걸음 뒤로 미끄러지기 일쑤였다. 미끄러운 눈 비탈길을 오르는 게 아찔할 만큼 위험했지만, 두 사람은 절대로 포기할 수 없었다. 포기하기엔 너무 멀리 온 것이다. 그들은 가슴을 졸이며 계속 나아갔다. 드디어 오전 9시, 남쪽 정상에 다다랐다.

그렇다고 해서 한숨 돌릴 여유가 생긴 것은 아니었다. 칼처럼 날카로운 또 다른 능선이 눈앞에 나타난 것이다. 능선 한쪽에는 굽이치는 눈 판이 거대한 얼음 커튼처럼 드리워져 있었다. 발 밑은 까마득한 낭떠러지였다. 다른 쪽 비탈은 눈으로 이루어진 거대 둔덕으로, 회색 암벽을 향해 가파르게 내려가고 있었다. 한 발짝이라도 잘못 디디는 날엔 곤두박질칠 게 분명했다. 정신을 바짝 차려야 했다. 그들은 만일의 사태에 대비해 서로 몸을 묶고 눈 위를 건너기 시작했다.

다행스럽게도 눈이 단단해서 미끄러지지 않고 나아갈 수 있었다. 한 걸음 한 걸음 필사적으로 올라가는 동안, 그들의 몸은 점점 긴장되었다. 쓸데없는 걱정이 머리 속을 맴돌았다. 산소는 네 시간 반 정도 쓸 수 있을 만큼 남아 있었다. 하지만 정상에 도착했다가 내려오려면 부족하지 않을까? 시간만이 대답해 줄 것이다. 그러나 산소 없이는 절대 살아남지 못할 것이다.

이제 에베레스트 정상은 손에 잡힐 듯 가까워 보였다. 그러나 산에서 느끼는 거리감은 틀릴 때가 많았다. 아직도 힘들게 몇 시간은 더 올라가야 했다. 더욱이 이제부터 무시무시한 장애물이 그들을 가로막고 있었다. 바로 거대한 수직 암벽의 계단이었다. 높이 12미터는 더 될 것 같아 보였고, 능선을 똑바로 가로지르고 있었다.

그들은 가슴이 철렁했다. 암벽이 가파른 수직 코스라서 도무지 오를 방법이 없었다. 여기가 끝일까? 이제 돌아가는 수밖에 없는 걸까? 그런데 그 암벽 오른쪽에, 암벽과 거대한 얼음벽 사이에 좁은 틈새(전문적인 말로는 '코니스'라고 한다)가 나 있는 게 보였다. 하나밖에 없는 기회였다. 목숨이 거기 달렸다는 듯, 힐러리는 그 틈새를 비집고 들어갔고 무릎과 팔꿈치, 어깨와 피켈을 사용해서 힘들게 올라갔다. 언제든 얼음이 깨지기라도 하는 날에는 저 아래 빙하로 곤두박질쳐서 죽을 판이었다.

가슴 졸이는 시간이 지나갔다. 마침내, 힐러리가 그 틈새 위에 있는 꼭대기에 올라갔다. 그것을 본 노르가이는 안도의 한숨을 쉬었다. 이제 노르가이가 따라 올라갈 차례였다. 지금까지는 그나마 괜찮았다. 그러나 두 사람의 체력은 바닥나 있는 상태였다.

그들은 기진맥진해서 절벽 난간에 주저앉아 있었기 때문에, 아직도 목숨이 붙어 있다는 사실이 기쁘기만 했다. 그러나 마음은 흔들리지 않았다. 그들의 결심은 그 어느 때보다 단호했다.

두 시간이 흘러가는 사이, 두 사람은 위쪽을 향해 한 걸음 한 걸음 올라갔다. 초인적인 노력이 필요했다. 공기가 희박한 산이라 숨쉬기가 더욱 힘들어졌다. 끝이 안 보이는 시험 같았다. 천천히 그러나 분명하게, 굳게 다잡았던 결심도 무너져 가고 있었다. 정상에 도착하기나 할 수 있을까? 그런데 바로 그들 위에, 눈 덮인 건초더미 같은 작은 봉우리가 보였다.

길고 오랜 고생 끝에 에베레스트 산의 정상이 보였다. 여행의 끝이 눈앞에 나타난 것이다. 1953년 5월 29일 오전 11시 30분, 제9캠프를 출발한 지 다섯 시간 만에 에드먼드 힐러리와 텐징 노르가이는 세상에서 가장 높은 산꼭대기에 올라섰다.

두 사람은 기뻐서 어쩔 줄 몰라 서로를 껴안고 악수를 했다.

산에 오르기까지 얼마나 많은 계획을 세우며 몇 년을 보냈던가, 몇 번이나 원정에 실패했던가. 두 사람은 그 모든 노력 끝에 마침내 정상에 오른 것이다. 아무 말도 할 필요가 없었다. 힐러리는 카메라를 꺼내 영국, 네팔, 인도와 국제연합 기를 흔드는 노르가이의 모습을 찍었다.

노르가이는 눈에 작은 구덩이를 파더니 연필 한 자루와 검은 천으로 만든 고양이 인형, 그리고 사탕 몇 개와 비스킷을 묻었다. 안전하게 자신을 인도해 준 산신에게 바치는 제물이었다. 힐러리는 그 옆에 십자가를 묻었다. 그제야 경치를 감상할 수 있는 여유가 생겼다.

일찍이 한 번도 본 적 없는 풍경이었고, 숨이 멎을 듯한 장관이었다. 힘차게 달려가는 구름, 눈 덮인 봉우리들, 구불구불 이어지는 계곡과 반짝이는 빙하. 그러나 정상에서 보낼 수 있는 시간은 얼마 되지 않았다. 내려갈 때 쓸 산소를 아끼기 위해서, 15분밖에 머물지 못했다. 이제 그들은 나머지 원정대가 초조하게 기다리고 있는 캠프로 다시 내려가야 했다. 지상으로 내려갈 시간이 된 것이다.

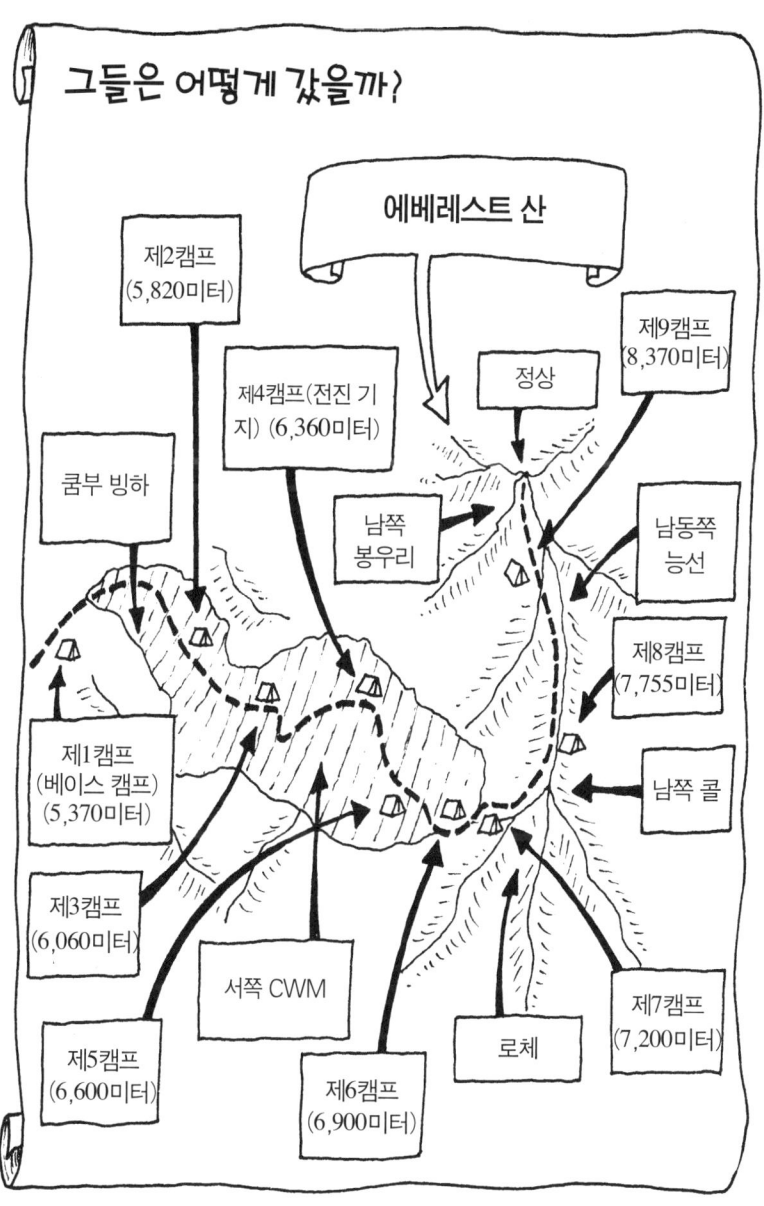

## 아찔아찔한 산봉우리 진상 파일

**이름** : 에베레스트 산  **위치** : 티베트/네팔
**높이** : 8,848미터  **나이** : 약 4천만 년
**산의 유형** : 습곡

**아찔아찔한 사실**
- 지구에서 가장 높은 산이다.
- 가장 높은 히말라야 산맥의 일부이다.
- '에베레스트'라는 이름은 이 산의 높이를 최초로 측량했던 조지 에베레스트 경(Sir George Everest, 1790~1866)의 이름을 딴 것이다. 그는 부하들에게 끝없이 일을 시키는 상사였기 때문에, '쉴 줄 모르는'이라는 뜻의 '네버레스트(Never-rest)'란 별명이 붙여졌다.
- 에베레스트란 이름이 생기기 전까지, 이 산은 '15번 봉우리'라고 불렸다.
- 이 산의 또 다른 이름으로 '초모룽마'(Chomolungma, 세상의 어머니인 여신), 그리고 '사가르마타'(Sagarmatha, 하늘의 여신)가 있다.

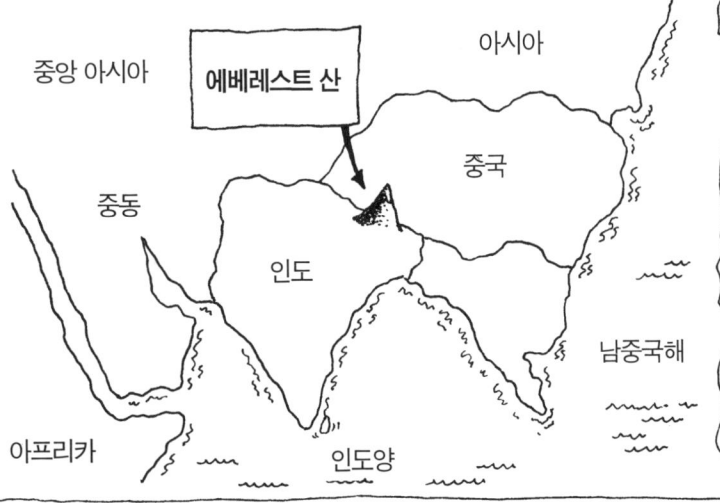

18

그렇게 해서 인간은 마침내 세상 꼭대기까지 올라가고 말았다. 노르가이와 힐러리는 유명인이 되었다. 그들에겐 수많은 상과 최고의 영예가 주어졌다(힐러리는 기사 작위를 받았고, 노르가이는 조지 메달을 받았다). 그들이 사상 최초로 에베레스트 등정을 한 이후, 수많은 등반가들이 그들의 뒤를 따랐다.

만약 여러분도 높은 고도에서 끄떡없을 만큼 튼튼하고, 일생일대의 대모험을 꿈꾼다면, 아찔아찔한 산봉우리에 올라 보는 건 어떨까? 초보자로서 에베레스트 산에 오른다는 게 사실 겁이 나겠지만, 걱정할 필요 없다. 이 세상에는 오를 산이 얼마든지 있으니까.

★ 요건 몰랐을걸!

**에베레스트에 오르려면 경비가 얼마만큼 들까?**

여러분은 아찔아찔한 산봉우리를 넘나들면서, 이제 히말라야 등반에 본격적으로 다가가게 될 것이다. 그런데 만약 여러분이 정말로 집을 박차고 나와 에베레스트 산을 오르기로 결정했다면, 도저히 넘기 어려운 산들을 먼저 넘어야 할 것이다.

가장 먼저 넘어야 할 산은 부모님이다. 이 산은 정말로 넘기가 어렵다.(물론 쉽게 허락해 주실 부모님도 있을지 모른다.) 여러분의 부모님들은 에베레스트 등반이 얼마나 위험한지를 지리선생님만큼이나 잘 알고 있기 때문이다.

여러분이 용케도 부모님에게 허락을 받았다고 치자. 그럼 이제 여러분의 용감한 친구들을 모아 에베레스트 원정대를 조직해서 히말라야로 떠나면 될 것이라고 생각할 것이다. 그런데 이번에는 부모님보다 더 넘기 힘든 산이 여러분 앞을 가로막을 것이다. 그것은 바로 '돈'이다. 여러분은 에베레스트에 오르기 위해 얼마 정도 들 거라고 생각하는가?
 ① 10만 원
 ② 100만 원
 ③ 1000만 원
 ④ 1억 원 이상

**정답 : ④**

①번이라고 찍은 사람은 아마도 지리산이나 설악산 정도는 갈 수 있을지 모르겠다. 적어도 차비와 입산료 정도 내면 경비가 바닥날 게 뻔하지만 말이다.

②번을 선택한 사람은 적어도 혼자서 네팔의 수도 카트만두까지는 갈 수 있을 것이다. 운이 좋으면 에베레스트 베이스캠프까지 도착할 수도 있을 것이다. 물론 돌아올 차비가 없어서 국제전화로 부모님의 도움을 받아야 할 가능성이 크겠지만 말이다.

③번을 선택한 사람도 베이스캠프에서 머물다 돌아갈 가능성이 크다. 그 이유는 뒤에서 이야기해 주겠다.

그렇다면 답은 ④번이다. 세상에 무슨 등반을 하는데 1억 원 이상의 돈이 든단 말인가. 그럼 에베레스트 산을 오르는 사람들은 모두 엄청난 부자이거나 집을 팔아야 된단 말인가. 아마도 그럴 것이다. 특별하게 이름 있는 등산가가 아니라면 말이다.

그럼 이제부터 에베레스트에 오르기 위해 필요한 예산을 한번 세워 보겠다. 에베레스트에 오르기 위해서는 우선 입산료를 네팔 관광청에 내야 한다. 입산료는 경로에 따라 차이가 있지만, 가장 많이 오르는 쪽으로 가기 위해서는 기본 5명당 7만 달러(우리 돈으로 약 8,400만 원)를 지불해야 한다. 따라서 ③번을 답으로 선택한 사람은 입산료를 내지 못해 베이스캠프에만 머물다 돌아올 가능성이 크다.

그런데 입산료만 낸다고 해서 에베레스트 산에 오를 수 있는 것이 아니다. 에베레스트 입산을 허가받기 위해서는 네팔 관광청에 청소비를 4,000달러(우리 돈으로 약 480만 원)를 맡겨놔야 한다. 또 등반을 위해서는 정부연락관과 요리담당자, 요리 보조자 등을 고용해야 하는데 그 비용도 2,000달러(우리 돈으로 240만 원) 정도 든다.

여기서 아이스폴 지대(빙하지대)를 통과하기 위해서는 얼음과 얼음 사이에 놓인 사다리를 이용해야 하는데, 사용료가 2,300달러(우리 돈으로 약 270만 원)이 든다.

여기까지만 계산해도 약 우리 돈으로 약 9,400만 원이 든다. 물론 이 금액은 네팔까지 가는 데 드는 항공비와 화물비를 뺀 금액이며, 네팔에서 묵게 되는 숙박비와 식대, 장비구입비, 식량구입비 등을 포함하지 않은 금액이다.

만약 여러분이 셰르파를 고용한다면 추가로 1,500~3,000달러가 들 것이다. 여기다 셰르파들을 고용하기 위해서는 반드시 1인당 100달러 이상의 보험료를 지불해야 하며, 셰르파들의 장비비용까지 지급해야 하므로 1,500달러가 들어간다. 또 베이스캠프까지 장비와 물자를 운반하기 위해서 운반인들을 고용해야 하는데 열흘 동안 100명을 고용한다고만 해도 약 400만 원의 경비가 들어간다.

만약 여러분이 등반 중 사고를 당해 헬기를 부를 경우 2,000달러가 필요하며, 위성전화를 사용하기 위해서는 5,000달러를 지불해야 할 것이다.

## 오싹오싹 죽음의 경고

여러분도 보았듯이 등반은 아찔하고 위험할 수 있다. 그러므로 자격을 갖춘 등반대원과 함께 가는 것이 좋다. 출발하기 전에는 꼭 날씨를 확인한다. 산의 날씨는 금세 나빠질 수가 있으니까. 그리고 만일의 사태에 대비해서, 구조대를 보낼 수 있도록 여러분이 어디를 가는지, 얼마 후에 돌아오게 될지를 다른 사람한테 알려야 한다.

# 산들이 움직인다고?

　누군가에게 산을 상상해 보라고 하면, 무슨 피라미드처럼 생긴 커다란 바윗덩어리를 떠올릴 것이다. 그러나 아찔아찔한 산봉우리는 훨씬 다양한 모습을 가지고 있다. 정말이다! 의심스러우면 지리학자를 붙잡고 물어 보라. 그들은 산봉우리가 지구 표면의 20퍼센트를 덮고 있다고 말할 것이다. 정말 산이 많기도 하지! 그런데 그런 산들은 다 뭐고 어쩌다가 그 곳에 생기게 된 걸까? 그리고 왜 그 산봉우리들은 그렇게 높은 걸까? 우선 세계적으로 높은 산들을 표시해 둔 지도를 간단히 살펴보자.

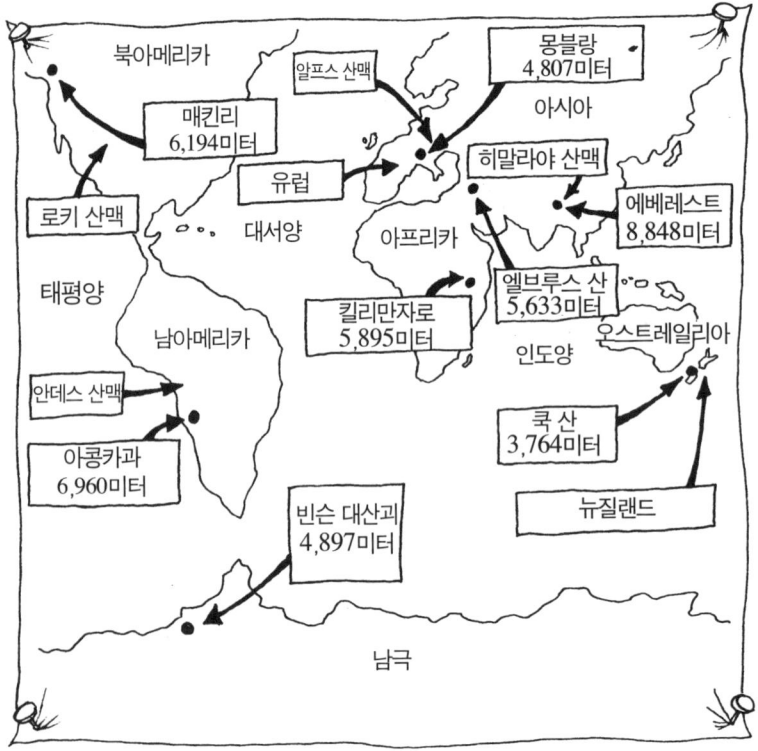

## 산봉우리란 무엇일까

  엄밀히 말해서 산이란 지구 표면에서 위로 솟아오른 바위로, 비탈이 가파른 것을 말한다. 산의 높이는 해수면을 기준으로 샌다. 그 산 근처에 바다가 없다고 해도 말이다. 좀 헷갈리지? 일부 지리학자들의 말로는 모름지기 높이가 1,000미터(에펠 탑 세 채를 차례로 쌓아놓은 높이와 같다)는 되어야 산이라고 부를 만하다고 한다. 그렇지 않은 것은 그저 그런 언덕이거나 야산이라는 얘기이다.

  오랜 세월 동안, 산은 지리학자들을 알쏭달쏭하게 만들었다. 지리학자들은 산봉우리가 있다는 건 알았지만, 산이 어떻게 해서 그 곳에 생겼는지에 대해선 의견이 달랐다. 그 가운데 산이 뒤로 나자빠질 몇 가지 이론을 소개해 보면 이런 게 있다.

  영국의 목사였던 토머스 버닛(Thomas Burnet, 1635~1715)에 따르면, 지구의 표면은 원래 달걀껍질처럼 매끈했다고 한다. 그런데 인간이 죄를 많이 짓자, 신이 벌을 내려서 지구의 껍질을 갈라 물이 쏟아져 나오게 했다. (노아의 방주 이야기 알지? 바로 이게 노아와 방주를 유명하게 만든 대홍수이다.) 그 때 부서져 나온 조각이 산이 되었다는 것이다. 지금 들으면 정말 말도 안 되는

소리 같지만, 놀랍게도 100년 후까지 토머스의 이론은 여전히 힘을 과시하고 있었다.

한편 스코틀랜드의 최고 지리학자인 제임스 허튼(James Hutton, 1726~1797)은 놀랄 만한 견해를 가지고 있었다. 그는 암석을 비틀고 구부리는 자연의 힘 때문에, 수백만 년 동안 밀려 올라온 것이 산이라고 생각했다. 그러나 이 엄청난 힘에 대해서는 설명할 수 없었다. 제임스는 그런 생각을 『지구론』이란 책에서 장황하고 따분하게 써내려 갔다. 불행히도 그 책을 읽은 사람은 손가락으로 꼽을 정도였다. 글이 너무 어려웠기 때문이었다. 게다가 사람들은 홍수 이야기를 더 좋아했다.

황당한 이론들은 여기서 끝이 나는 게 아니다. 미국의 지질학자 제임스 드와이트 다나(James Dwight Dana, 1813~1895)는 지구가 한때 말랑말랑하고 촉촉한 암석으로 된, 뜨겁고 붉은 공이었다고 주장했다. 그것이 식으면서 오그라들고, 표면이 건조해지면서 쭈글쭈글해졌다고 보았다.(오래된 커스터드 크림의 껍질처럼 말이다. 우웩! 그것도 괜찮다면 대단한 식욕을 가진 사람이다.) 그 주름진 부분이 바로 산이다. 정말 간단하지?

이처럼 지리학자들마다 주장한 이론이 달랐던 것 같다. 하지만 결과는? 그들은 산들이 어떻게 생겨났는지 정확하게 설명하지 못했다. 아찔아찔한 산들은 지리학자들을 아주 난처하게 만들었다.

## 선생님을 깜짝 놀래기

저런, 지리 숙제를 깜빡 잊고 못했다고? 그럼 엉뚱한 질문으로 선생님의 관심을 돌려 보자.

정답은 무엇일까? 당연히 산은 치과에 가지 않는다. 하지만 여러분의 질문은 엉뚱한 게 아니다. 영국의 지리학자 조지 에어리 경(Sir Georgy Airy, 1801~1892)은 산이 치아와 조금 닮은 데가 있다고 생각했다. 즉, 산은 우리 눈에 보이는 치아와 같다는 것이다(여러분이 반짝이는 하얀 이를 드러내고 억지로 웃을 때처럼 말이다.) 그러나 그 밑에는 커다랗고 긴 암석 뿌리들이 땅속 깊이 뻗어 있다(이의 뿌리가 이를 턱에 고정시켜서 이가 빠지지 않게 해 주듯이). 기발하지만 엉뚱한 조지 경이 잘 알지도 못하면서 상상해 낸 얘기였을까? 아니다! 그의 말은 옳았다.

## 지구를 움직일 이론

그러나 지리학자들이 첩첩산중 같은 문제의 해답을 찾아낸 것은 1910년에 이르러서였다. 독일의 훌륭한 지리학자인 알프레드 베게너(Alfred Wegener, 1880~1930)가 굉장한 이론을 내놓은 것이다. 그는 지구의 단단한 표면(이것을 '지각'이라고 한다)이 달걀껍질이나 커스터드와는 아무 상관이 없음을 밝혀냈다.

정말 고맙지 뭐야. 그렇다고 안심하긴 이르다. 그 대신 이 암석층은 '판'이라는 여러 개의 조각으로 쪼개졌다. 금이 가고 터진 포장도로처럼 말이다(다만, 규모가 엄청나게 클 뿐이다). 지구에는 7개의 커다란 판과 그보다 작은 여러 개의 판들이 있다. 하지만 이 판들은 한 자리에 계속 머물러 있지 않고 끊임없이 움직이고 있었다.

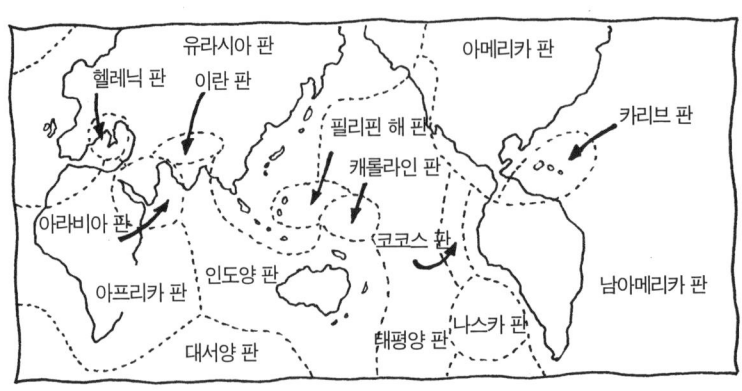

총명한 베게너는 지구를 뒤흔들 만한 자신의 이론을 '대륙이동설'이라고 불렀지. 하지만 이 판을 움직이게 만드는 것이 무언지 밝혀 내지 못했어. 오늘날 지리학자들은 이 판이 끈적거리는 뜨거운 암석층, 즉 마그마 위에 떠있다는 사실을 알게 되었어. 마그마는 지각 밑에서 발견되거든. 맨틀이라고 부르는 층에서 말이야. 마치 물엿처럼 걸쭉하고 끈끈해. 지구 안쪽 깊은 곳에서 나오는 열이 마그마를 뒤섞으면서 지각판을 계속 움직이게 만드는 거야.

대부분 우리는 이 판들의 움직임을 느끼지 못한다. 그런데 때로는 판들이 다른 판을 가로막기도 한다. 어떤 판들은 정면으로 세게 충돌한다. 더러 다른 판을 밀치고 지나가려는 판도 있다. 그럼 어떻게 될까? 그렇다! 우뚝 솟은 산들이 만들어지게 되는 것이다. 이제 수수께끼는 풀렸다.

안타깝게도 그 당시엔 베게너의 말을 아무도 믿지 않았어. 사람들은 그의 이론을 실없는 소리라고 여겼지. 마침내 50년이 지나서야, 지리학자들은 대륙들이 수백만 년 동안 이동해 왔고, 지금도 움직이고 있다는 사실을 명쾌하게 증명했어.

## 산지기의 산 안내

아찔아찔한 산봉우리들이 모두 높이 솟아 있는 암석 덩어리라는 건 사실이지만, 저마다 가지각색이다. 그러니까 여러분 중에서 뒷산에 올라가려고 하는 사람이 있다면 클리프의 안내서에 나와 있는 글 중에서 산봉우리 부분을 먼저 보고 가는 게 좋겠지?

산에는 크게 네 가지 주요 유형이 있다고 하니까 말이다.

**1 습곡** : 산봉우리가 뾰족한 원뿔 모양으로 생겼다. 지구상에서 가장 크고 험한 산들이 여기에 속한다. 습곡은 두 개의 판이 서로 밀면서 부딪쳐서 엄청난 충돌이 일어날 때 생긴다. 두 판의 가장자리가 판 사이에 있는 해저를 부수고 짓누르면서 거대한 주름을 만들어 올리게 된다.

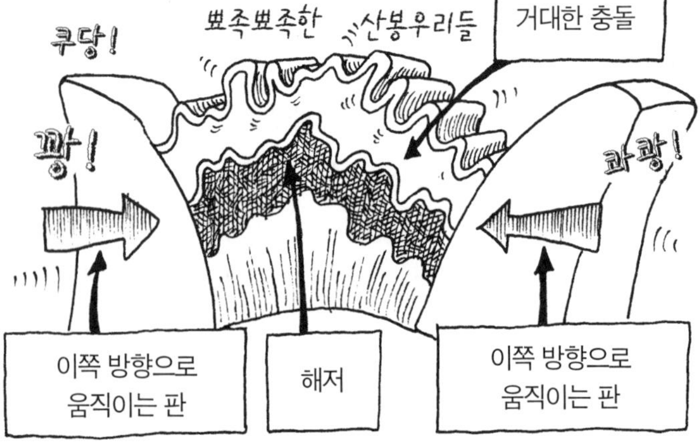

대표적인 습곡 산맥들 : 유럽의 알프스, 아시아의 히말라야, 미국의 로키 산맥

## 쭈글쭈글 습곡 산맥을 만드는 방법

간단하지만 흥미진진한 실험으로 습곡 산맥들이 만들어지는 과정을 알아 보자. 실험이 끝나면 그걸 먹을 수도 있다고!

준비물 :
● 식빵 네 조각

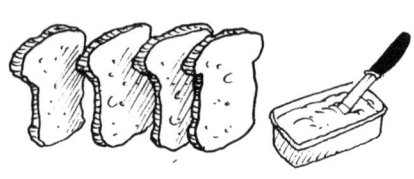

- 마가린 또는 버터 약간
- 단단한 치즈와 땅콩 버터

실험 방법 :

1. 식빵에 버터와 치즈, 땅콩 버터(다양한 암석층을 나타낸다)를 발라서 맛있고 푸짐한 샌드위치(지각의 판을 나타낸다)를 만든다.
2. 샌드위치를 반으로 자른다.
3. 반으로 자른 샌드위치를 양손에 들고 서로 꾹 누른다(너무 세게 누르지 말 것. 그랬다간 곤죽이 되고 마니까.)

실험 결과 :

a) 부엌을 더럽혔다고 엄마한테 꾸중듣는다.
b) 개가 샌드위치를 훔쳐먹는다.
c) 샌드위치가 짓눌려 위로 솟아오른다.

정답 : c) 샌드위치 양쪽에서 누르는 두 힘은 지각의 양쪽에서 움직이는 판처럼 작용한다. 그 판들이 서서히 가까워지면서 땅 위의 바위산이 솟아오르는데……

**2** 단층지괴 : 산봉우리가 거대한 쐐기 모양으로 생겼으며 단층(지각 변동으로 생긴 지각의 틈을 따라 지층이 아래 위로 어긋나져 층을 이룬 현상)에 의해 만들어진다. 판이 움직이면서 두 판 사이에 있는 거대한 암석판을 밀어 올린다. (때로 암석판이 밀려 가라앉게 되면 거대하고 가파른 계곡이 생긴다.)

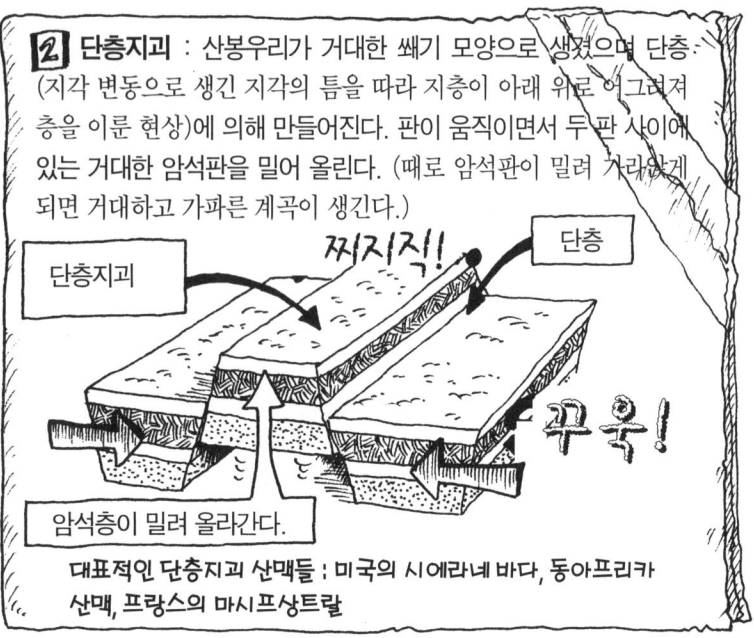

대표적인 단층지괴 산맥들 : 미국의 시에라네바다, 동아프리카 산맥, 프랑스의 마시프상트랄

**3** 돔 : 산봉우리가 둥근 혹처럼 생겼다. 깊은 땅 속의 마그마가 표면으로 나오면서 만들어지는데, 지각이 너무 단단해서 갈라지고, 마그마에 밀려서 돔처럼 불룩해지게 된다. 돔 산맥은 경사가 완만한 편이며, 산 밑 둘레가 수백 킬로미터에 이르기도 한다.

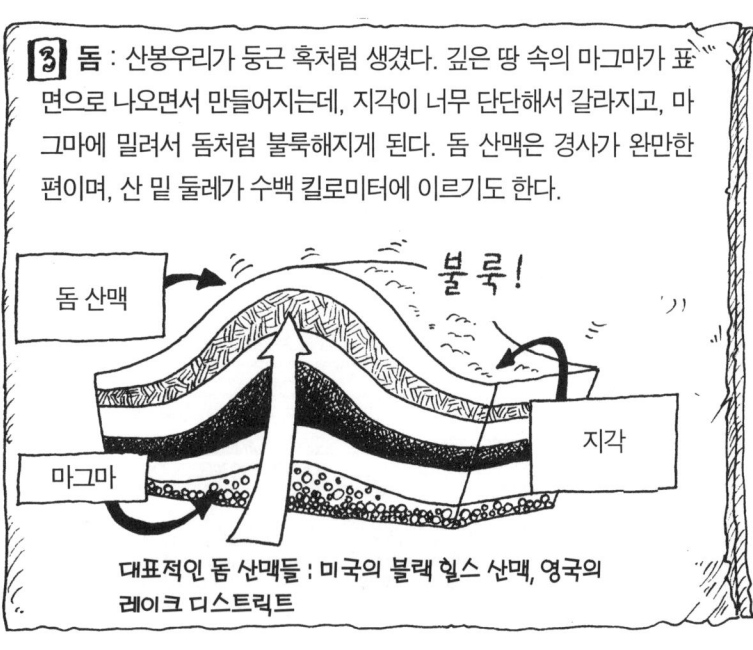

대표적인 돔 산맥들 : 미국의 블랙 힐스 산맥, 영국의 레이크 디스트릭트

**4 화산** : 산봉우리가 가파른 원뿔 모양이다. 화산은 뻘겋게 달아오른 마그마가 지각의 틈새를 뚫고 뿜어 올라올 때 생긴다. 마그마가 식어서 굳으면 바위가 되는데 이것이 쌓여 산이 만들어진다. 세계에서 아주 높은 산 가운데 이런 화산이 많다. 뜨거울까 봐 걱정할 필요는 없다. 이런 화산들이 마지막으로 분출한 것은 아주 오랜 옛날이니까.

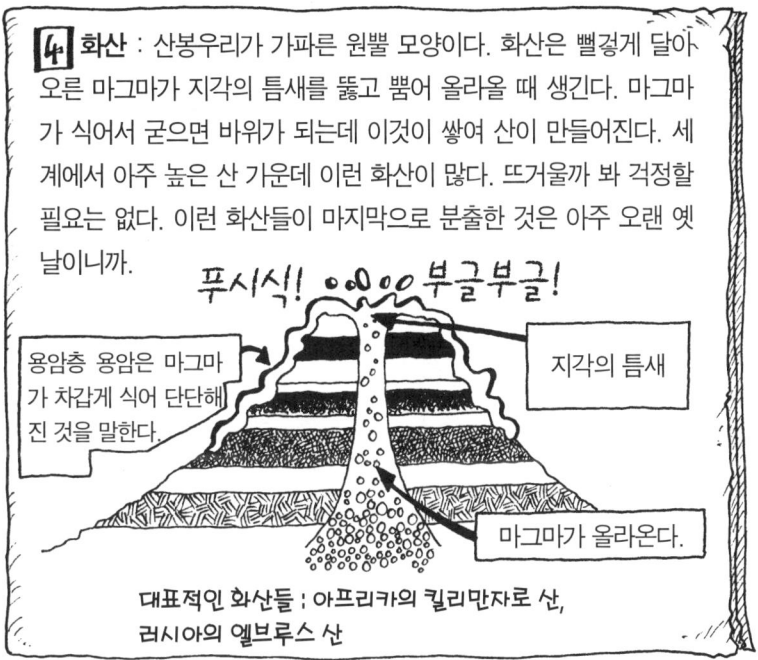

대표적인 화산들 : 아프리카의 킬리만자로 산, 러시아의 엘브루스 산

---

### ★ 지구가 들썩일 사실

여러분이 산꼭대기에서 볼 수 있다고 생각하는 것 세 가지만 말해 보자. 물론 하얀 눈이 있겠지? 그리고 바위도 있을 테고. 그런데 해파리가 있는 줄은 몰랐을 게다. 그렇다, 해파리 말이다! 사실 쭈글쭈글한 습곡 산맥들은 몇백만 년 전에는 바다 밑바닥이었다. 그래서 조개나 해파리의 화석을 비롯해, 갖가지 바다 생물들이 암석층에 갇혀 있는 화석이 남아 있게 된 것이다. 오랫동안 사람들은 누군가가 장난으로 암석에 붙여 놓았다고 생각했다!

**요건 몰랐을 걸!**

**등반 안내인을 왜 '셰르파'라고 할까**

여러분이 히말라야 등반기들을 읽다 보면 빠지지 않고 등장하는 단어 하나를 발견할 것이다. 바로 '셰르파'(sherpa)라는 단어이다. 셰르파의 역할은 클리프와 같은 산악 가이드인 듯하다. 그런데 산악가이드라 하지 않고 왜 셰르파라고 부르는 것일까. 여러분 중에서는 혹시 '산악 가이드'라는 단어를 네팔이나 파키스탄에서 '셰르파'라고 부른다고 생각하는 사람도 있을 것이다.

우선 궁금증부터 풀어 보자. 먼저 '셰르파'는 산악 가이드를 일컫는 말이 아니라 '성(姓)'이다. 우리 주변에 '김씨, 박씨, 이씨'가 있는 것처럼, 셰르파 역시 네팔의 '솔로쿰부'라는 지역에 모여 사는 고산족의 성인 것이다. 물론 모든 성마다 의미가 있는 것처럼 '셰르파'라는 성에도 의미는 있다. 'sher'는 티베트어로 '동쪽'이고 'pa'는 티베트어로 '사람'이다. 그러므로 셰르파를 '동쪽에서 온 사람'이라는 뜻으로 해석할 수 있을 것이다.

원래 셰르파족은 동티베트인 캄(kham) 지방에서 에베레스트 길목인 남체나 솔로쿰부 부근으로 이동해 살고 있다. 따라서 그들의 언어, 종교, 풍습 등은 티베트 문화권의 영향을 직접 받고 있다. 종교는 라마교가 가장 많다. 등반에 앞서서 셰르파족은 반드시 베이스캠프에 라마 제단을 만들고 제사를 지낸 후에야 산에 오른다.

셰르파족은 우리와는 반대로 이름이 성 앞으로 온다. '장부 셰르파', '학산 셰르파'처럼 말이다. 또한 셰르파는 남성들의 호칭이며, 여성들은 '셰르파니'라고 한다. 셰르파족은 고산지대에 적응을 잘 하고, 자연현상에 대한 직관력이 뛰어나기 때문에 경험이 부족한 등반대라면 셰르파의 역할이 매우 중요하다고 할 수 있다. 특히 히말라야에서 가까운 곳에서 살기 때문에 구름 상태나 바람의 습도, 지형만 보고서도 눈사태, 강풍, 눈보라 등을 예견하기 때문에 보다 안전한 등반을 할 수 있다.
　그러나 근래 들어서 셰르파 없이 히말라야에 오르는 등반가들이 점점 늘고 있다. 셰르파의 도움없이 모든 어려움을 스스로 이겨내 정상에 서야 한다고 믿는 등반가들이 점점 더 늘고 있는 것이다.

## 지질학자가 되려면

　산이 무엇으로 만들어져 있는지 궁금한 적은 없었는지? 그야 물론 암석으로 만들어졌지. 일부 지독한 지리학자들은 암석을 연구하는 데 평생을 바치기도 한다. (고된 일이지만 누군가는 그 일을 해야 한다.) 이렇게 암석을 연구하는 학자들을 멋있게 '지질학자'라고 한다. 여러분도 돌처럼 심지가 굳은 지질학자가 될 수 있을까? 그렇다면 먼저 돌에 대해 튼튼한 지식이 있어야겠지.

암석을 연구하는 건 생각처럼 힘들지 않아. 이것만 기억하면 돼, 지구의 모든 암석은 다음 세 가지 중 하나라는 것을.

### A : 퇴적암

**만들어지는 과정** : 암석에서 잘게 부서진 조각들과 모래, 또는 작은 바다 생물의 뼈들이 쌓여 짓눌려져서 단단한 암석층이 된다. 몇백만 년이 지나는 동안, 그 바다 생물들은 화석이 된다.

**암석의 종류** : 석회암, 사암, 백운암

**암석을 볼 수 있는 곳** : 알프스 산맥, 히말라야 산맥, 유럽의 쥐라 산맥

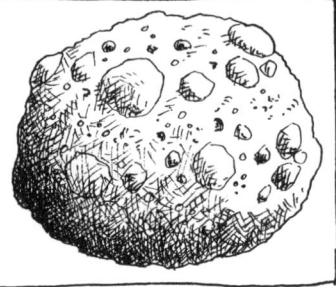

## B : 화성암

**만들어지는 과정** : 거세게 폭발하는 화산에서 튀어나온 뜨거운 암석이(불 '화' 자를 써서 '화성암' 이라고 한다) 공기 중에서 차갑게 굳어서 된다.

**암석의 종류** : 현무암, 안산암, 화강암

**암석을 볼 수 있는 곳** : 안데스 산맥, 로키 산맥, 미국의 시에라네바다 산맥

## C : 변성암

**만들어지는 과정** : 퇴적암이나 화성암이 화산 열에 구워지거나, 습곡을 만드는 거대한 힘에 짓눌려서 완전히 다른 암석으로 변하게 된다.

**암석의 종류** : 대리석, 편암, 편마암

**암석을 볼 수 있는 곳** : 알프스 산맥, 이탈리아 아펜니노 산맥, 미국의 애팔래치아 산맥

## 산봉우리에 얽힌 사실들

여러분을 가르치는 지리선생님은 지식의 최고봉에 올라 계실까? 신생님께 까다로운 퀴즈를 내서 테스트해 보자.

1. 에베레스트 산은 지구에서 가장 높은 산이다.
   그렇다 / 아니다
2. 에베레스트 산은 지구에서 가장 키 큰 산이다.
   그렇다 / 아니다
3. 히말라야 산맥은 세계에서 가장 긴 산악지대이다.
   그렇다 / 아니다
4. 산맥은 바다 밑에서 자라난다.  그렇다 / 아니다
5. 대부분의 산맥은 나이가 천 살 미만이다.  그렇다 / 아니다
6. 영국 같은 평평한 구릉지대엔 산맥이 없다.
   그렇다 / 아니다

**정답:**

**1. 그렇다.** 높이 8,848미터의 에베레스트 봉우리는 공식적으로 지구에서 가장 높은 산이다. 세계에서 가장 높은 초고층 건물보다 20배 가량은 더 높다. 여러분의 집 높이와 비교해 본다면… 지붕 위에 599채의 집을 더 쌓아올려야 비슷해질 것이다.

게다가 에베레스트 산은 계속 자라고 있다. 정말이다. 왜냐하면 히말라야 산맥을 밀어 올리는 두 개의 지각판이 계속 부딪히고 있기 때문이다. 전문가의 계산에 따르면, 에베레스트의 높이는 해

마다 13밀리미터쯤 높아진다고 한다. 별 거 아닌 것 같지만, 결국 에베레스트는 노르가이와 힐러리가 등반했을 때보다 50센티미터는 더 커졌다는 얘기이다.

**2. 아니다.** 에베레스트는 해수면을 기준으로 했을 때 가장 높은 산봉우리일 것이다. 그러나 가장 키가 큰 산은 아니다. 이 분야의 기록 보유자는 하와이에 있는 마우나케아(Mauna Kea) 산이다. 바다 깊은 곳에 잠겨 있는 밑바닥부터 잰 높이는 자그마치 10,203미터이다. 에베레스트보다 무려 1킬로미터는 너끈히 넘는 키이다. 바다 위로 솟아오른 이 산맥의 윗부분 중 절반이 아름다운 하와이 섬을 이루고 있다. 나머지 부분은 바다 속에 감춰져 있다.

**3. 아니다.** 남아메리카의 안데스 산맥이 길이 약 **8,000킬로미터**로, 지구에서 가장 길다. 그 길이는 런던에서 페루까지 거리와 맞먹는다(페루는 안데스 산맥을 관광하기에 좋은 출발지점이거든). 길게 뻗은 안데스 산맥은 남아메리카의 서쪽 가장자리를 따라 굽이굽이 내려오며 7개 나라를 두루 지난다. 히말라야 산맥은 두 번째 긴 산맥으로, 길이 5,000킬로미터를 조금 넘는다.

**4. 그렇다.** 바다 밑에는 많은 산괴(산 덩어리)들이 있다. 그 중 어떤 것은 솟아올라 섬이 되기도 한다(마우나케아가 그런 경우이다). 나머지는 바다 위로 솟아오를 만큼 높지 않은 것들이다. 대서양 한

가운데에는 아이슬란드에서 남극까지 이르는 거대한 산맥이 뻗어 있다. 길이는 자그마치 11,000킬로미터(안데스 산맥의 1.5배)가 넘는다. 이 산맥은 두 개의 지각판이 바다 밑에서 서로 잡아당기자, 그 틈새를 막기 위해 붉고 뜨거운 용암이 스며 나오면서 생긴 산맥이다.

**5. 아니다.** 산의 나이는 그보다 훨씬 많다. 미국의 애팔래치아 산맥을 예로 들어볼까? 산의 나이 몇백만 년쯤은 무시한다고 해도, 적어도 4억 년은 된다. 이 산들이 '퐁' 하고 솟아났을 때 공룡들이 얼마나 놀랐을까? 지질학적 시간(이것은 보통 우리가 쓰는 시간보다 훨씬 길다. …그래서 지리 시간이 그렇게 길게만 느껴지는 걸까?)으로 보면 히말라야 산맥은 아직 10대 청소년일 뿐이다. 아무리 4천만 년 된다고 해도 말이다.

**6. 아니다.** 만약 1,000미터가 넘는 것만 산으로 친다면, 영국에는 산이 없다고 하는 게 맞다. 그러나 영국 전체로 보면 몇 개의 산이 있다. 스코틀랜드의 벤네비스 산은 1,343미터이다. 그래도 영국에서는 최고의 산이다. 사람들은 그 산꼭대기에 거대한 돌탑을 쌓아서 365미터를 더 올렸다. 그렇다면 그건 사기가 아니냐고?

1. **현무암** : 매끄러운 검은색 암석. 녹색 수정이 박혀 있으며, 지구에서 가장 흔한 암석입니다.

2. **화강암** : 분홍빛이 도는 회색 암석과 얇은 수정 조각이 섞여 있어서 반짝반짝 빛이 납니다. 단단해도 맛은 아주 좋습니다.

3. **안산암** : 갈색과 회색 알갱이가 뿌려져 있습니다. 안데스 산맥의 풍취를 느낄 수 있습니다.

4. **석회석** : 밝은 갈색 암석과 회색 암석이 층을 이루고 있습니다. 상큼한 바다 생물 화석으로 속을 꽉 채웠답니다.

5. **백운암** : 회색이며 아삭아삭 수정 알갱이가 박혀 있습니다. 먹어 보면 백운암으로 된 산 하나를 통째로 사고 싶을 만큼 맛있답니다.(원하신다면 이탈리아의 돌로미티케 산맥으로 가 보세요).

6. **사암** : 최고급 모래 알갱이들을 니다. 치아에 잘 달라붙지 않아 머

7. **편마암** : 밝고 어두운 암석들이 포개져 있습니다.

8. **편암** : 살살 녹는 얇은 조각이 속에 들어 있는 작고 붉은 알갱 류석입니다(석류석은 지질학 보 좋답니다).

9. **대리석** : 아삭아삭한 맛에, 혀 탕 같습니다. 회색, 분홍색 또는 무늬가 들어갔답니다. 그야말로 콜릿이죠.

10. **점판암** : 입자가 고운 진흙돌, 어진 회색 암석이죠. 아주 쉽게

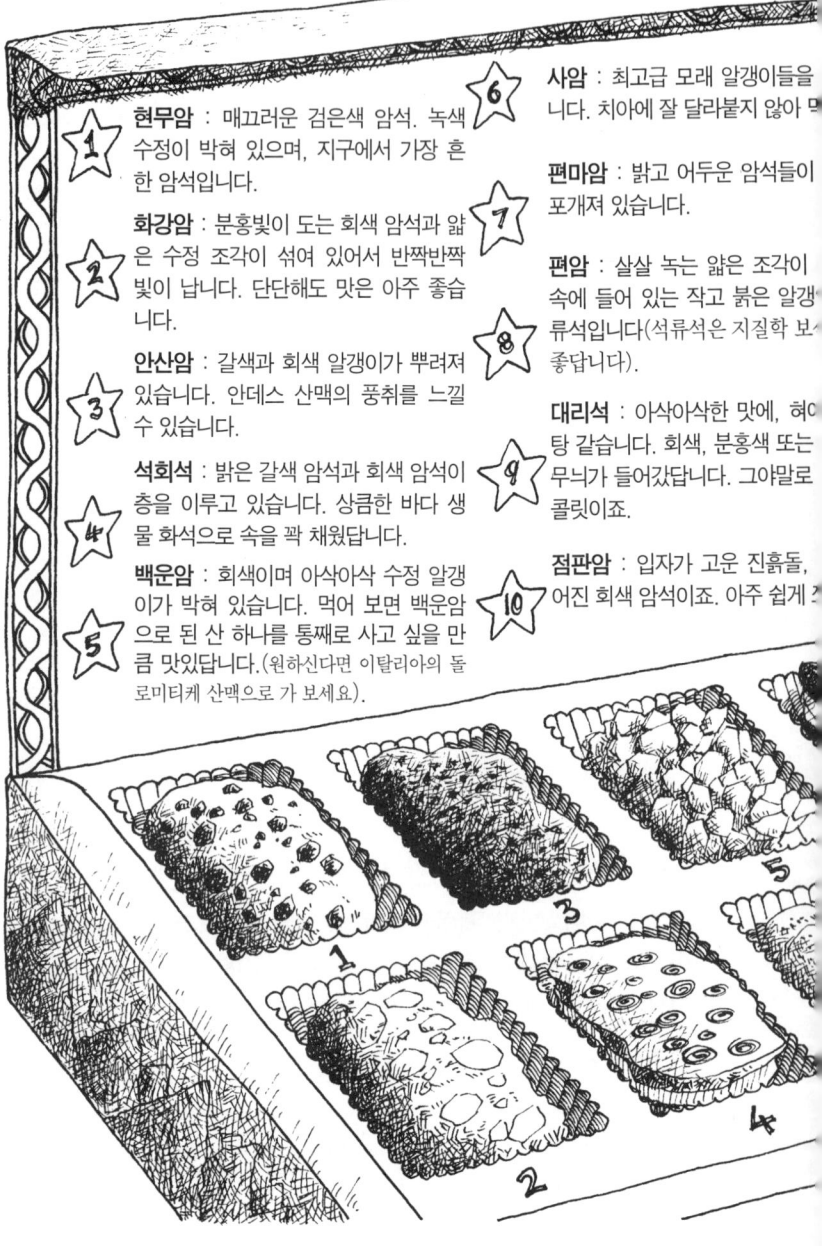

아주 특별한 선물을 찾고 계십니까?
꽃냄새 나는 비누는 이제 지겹다고요?
더 이상 힘들게 찾아다니지 마세요.

선생님을 놀라게 하고 친구들을 감탄시킬 선물을 원하신다면, 본사의 업그레이드*된 신제품을 권합니다!

오물오물 암석 초콜릿 세트
소름이 끼칠 만큼 달콤한 맛!
어서 그 맛을 느껴 보세요.

* 알갱이가 커져서 씹히는 맛이 더욱 살아납니다!

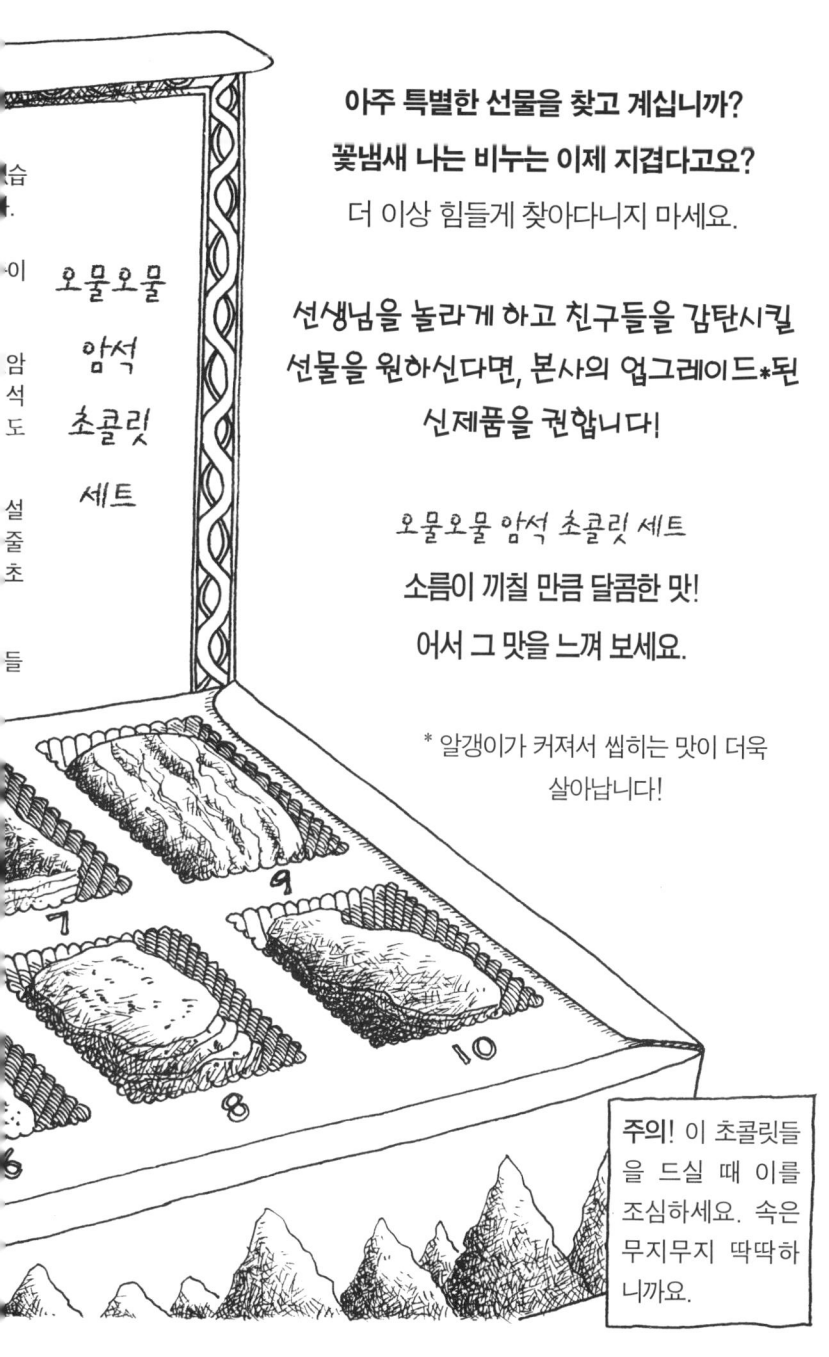

주의! 이 초콜릿들을 드실 때 이를 조심하세요. 속은 무지무지 딱딱하니까요.

## 선생님의 성적 분석

후하게 인심 쓰고 싶으면 정답 하나에 10점씩 준다.

**50~60점**. 최고 성적이다. 여러분의 선생님은 진짜로 최고 실력을 가지신 분이다. 상으로 선생님께 암석 초콜릿 한 상자를 드릴 것.(치아 사이에 낀 알갱이들을 빼내시느라 바빠서, 숙제를 안 내실지도 모른다. 희망사항이긴 하지만.)

**30~40점**. 그저 그런 성적이다. 하지만 선생님의 실력은 곧 정상에 오를 것이다. 원래 오르락내리락하는 게 성적이니까.

**20점 이하**. 형편없다. 선생님은 좀더 높은 곳을 바라볼 필요가 있다. 훨씬 더 높은 곳을 말이다. 지금보다는 성적이 나아야 하니까.

아직도 어느 산봉우리에 오를지 고민중이라고? 경고 한마디 하지. 빈둥빈둥 허비할 시간이 없다. 겉보기에 아무리 끄떡없을 것 같아도, 산은 영원히 그 곳에 있지 않을 것이다. 산은 생겨난 그 순간부터 닳기 시작하니까. 무엇이 산을 깎아 내리는지 궁금하다면 다음 페이지를 꼭 붙잡고 손에서 놓지 말도록.

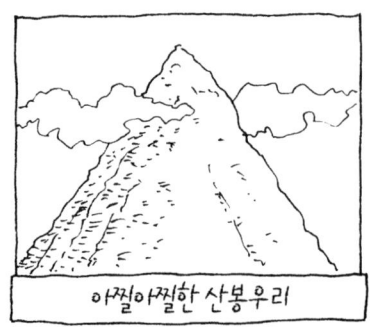

아찔아찔한 산봉우리

강아지 산들이

# 비틀비틀 산비탈

산봉우리들은 바위처럼 든든해 보인다. 그래서 겉모습만 보면 착각하기 쉽다. 그건 지리선생님들도 마찬가지다. 선생님이 잘 생기고 친절하고 생각이 깊어 보여도, 여러분이 숙제를 늦게 낸다면 아뿔싸! 선생님은 진짜로 무서워지시니까.

산이 만들어지는 데는 몇백만 년이 걸린다. 그러나 산이 못생긴 머리를 땅 위로 드는 순간부터 바람과 날씨가 산을 닳게 만든다. 그 때부터는 계속 내리막길인 거지, 뭐. 어린 산은 겉보기에도 산봉우리들이 뾰족뾰족 날카롭다. 그러나 산이 점점 나이가 들면 들수록 둥글둥글 펑퍼짐해진다. 지루한 지리학자들은 이렇게 산이 닳아 버리는 것을 '침식' 이라고 한다. 도대체 그게 무슨 뜻일까?

**두 그림은 무엇이 다를까?**

테이블 산

산 같은 테이블

남아프리카에는 '테이블 산'이라는 이상한 산이 있어. 오랜 세월 비바람에 닳아서 탁자, 즉 테이블 모양이 되었지. 심지어 식탁보까지 있다니까. 산 꼭대기를 덮고 있는 구름을 '테이블 보'라고 부르거든. 하지만 여러분이 식사하는 테이블은 산과는 아무 관계가 없지. 그렇지?

## 침식, 땅이 깎이는 이야기

침식이란 비바람에 산봉우리가 닳는다는 뜻의 전문 용어이다. 시간이 지나면 비바람이 산을 완전히 갈아서 평평한 땅으로 만들 것이다. 무시무시하지? 하지만 걱정하지 않아도 된다. 여러분이 그런 일을 목격하려면, 몇백만 년 동안 산 옆에 붙어 있어야 할 테니까.(하지만 그 때쯤엔 또 새로운 산들이 불쑥불쑥 솟아오를 것이다.) 침식은 산봉우리의 모양을 다듬어 준다. 어떻게? 비바람에 시달리는 산에게 대표적인 말썽꾼은 얼음이다. 얼음이 산을 닳게 만드는 방법도 가지가지이다.

① 낮이 되면, 눈 녹은 물이 바위 틈새로 떨어진다.

② 밤이 되어 기온이 내려가면 물이 얼면서 부피가 커진다.

때로는 아주 거대한 얼음판이 산비탈을 따라 미끄러진다. 이것이 거대하고 무서운 빙하이다. 용감한 사람이라면 빙하에 관해서도 알고 싶겠지? 하지만 조심하기 바란다. 빙하란 정말 미끄럽고 믿기 힘든 녀석이거든.

**빙하란 무엇일까**

1. 빙하란 높은 산에서 볼 수 있는 거대한 얼음 강이다. 하지만 여러분이 텔레비전 앞에서 자리를 뜰 수 없다고 고집 부린다면 안락한 의자에서 미끄러운 빙하를 알아 보는 것도 나쁘진 않겠지.

2. 강이 그렇듯 빙하도 아래쪽으로만 흐른다. 왜냐고? 중력이 빙하를 잡아당기기 때문이지. (중력은 사물을 땅으로 잡아끄는 힘이다. 그래서 비탈에서 미끄러지면, 중력이 여러분을 잡아당기게 된다. 아야야!) 그런데 빙하가 아래쪽으로 흐르는 것은 중력 때문만이 아니다. 겉보기에 빙하는 아주 단단할 것 같지만, 안쪽의 얼음은 무르다(맛있는 아이스 바 속에 부드럽고 쫄깃쫄깃한 캐러멜이 들어 있는 것처럼 말이다. 냠냠……). 그건 안의 얼음이 바깥을 덮고 있는 얼음에 눌려 으깨졌기 때문이다. 그래서 아래쪽으로 흐르게 되는 것이다. 보통 빙하가 흐르는 속도는 달팽이가 기어가는 것보다 느려서, 하루에 2센티미터 정도 움직인다. 그러니

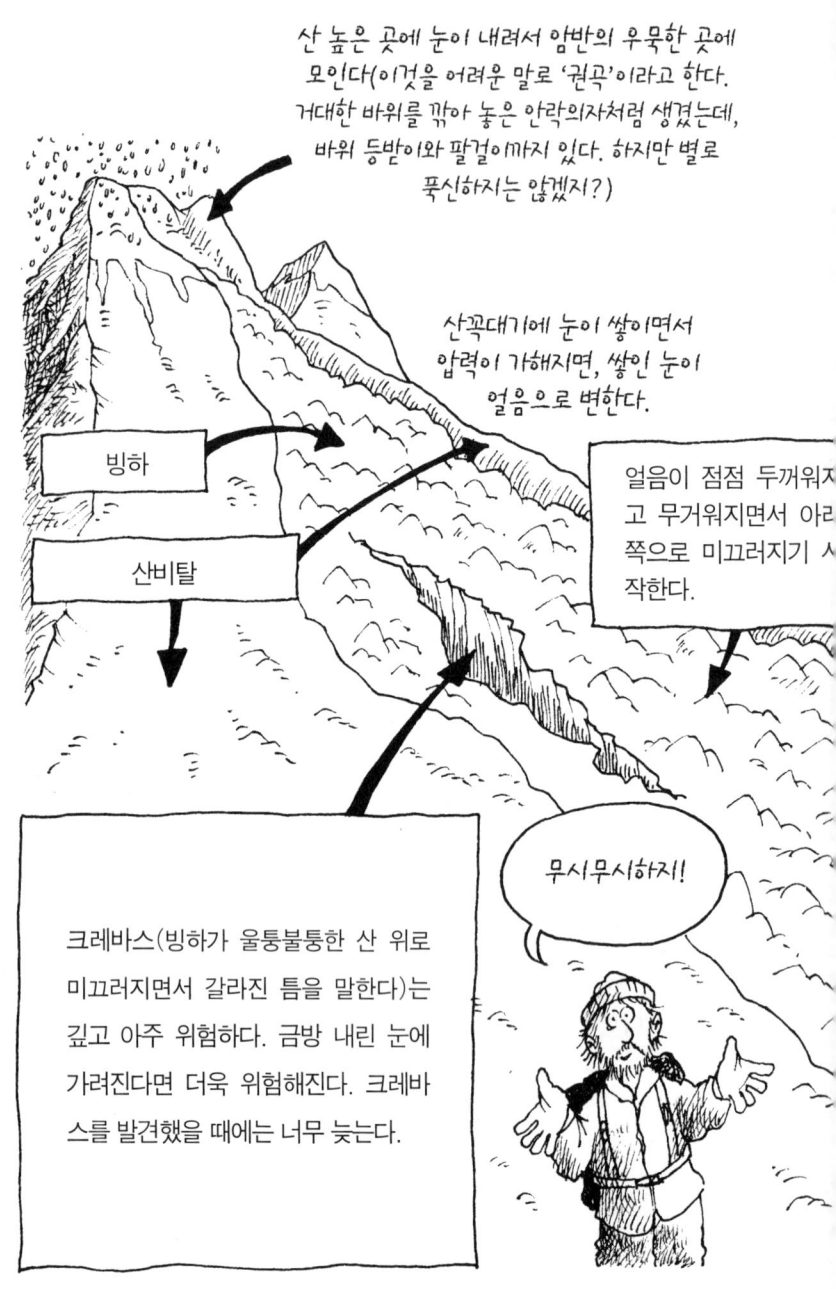

여러분은 빙하보다 빨리 달릴 수 있다. (얼마나 다행인가!)

**3.** 여러분은 빙하가 거대한 사각 얼음처럼 깨끗하고 투명하게 빛날 거라고 생각할지 모르셨나. 그렇게 생각했다면 틀렸다. 사실 빙하는 섬뜩한 회색을 띠며 아주 지저분하다. 엄청난 돌멩이들을 끌고 내려오기 때문이다. 작은 산만한 커다란 바윗덩어리부터 작은 모래 알갱이까지 다 쓸어 내린다.

**4.** 얼음 속에 암석 조각들이 박혀 있기 때문에, 빙하의 가장자리는 아주 날카롭게 된다. 이 빙하가 천천히 기어가면서 거대한 얼음 사포처럼 산비탈을 할퀴고 긁어 버리면 U자 모양의 골짜기가 파이게 된다. 빙하는 또 나머지 돌들을 불도저처럼 밀고

코(빙하가 녹기 시작하는 끝 부분. 줄줄 흐르는 콧물 같다.)

가다가 '콧물 흐르는 코'에다 쌓아놓는다. 여기에 쌓인 돌더미들을 '빙퇴석' 또는 '모레인(moraine)'이라고 한다.

5. 빙하 중에는 아주 거대한 것들도 많다. 히말라야 산맥의 몇몇 빙하는 길이가 70킬로미터, 두께가 1킬로미터에 이른다. 그런 빙하가 우리 동네로 흘러 내린다고 상상하면……? 그러나 빙하는 줄어들기도 하고 커지기도 한다. 그런 경우는 날씨가 따뜻해져서 빙하의 코 부분에 있는 얼음이 녹을 때 생긴다. 그러면 빙하의 크기가 줄어들기 시작하겠지? 알프스 산맥에 있는 론 빙하는 1818년에 녹기 시작했다. 100년 후에 그 빙하가 많이 줄어들어서, 빙하가 보이는 것으로 유명했던 한 호텔은 문을 닫을 지경에 이르렀다.

6. 화려한 빙하 속에서 볼 수 있는 건 돌멩이뿐만이 아니다. 1991년, 두 등반가는 난생 처음 무시무시한 일을 당해서 까무라칠 뻔했다. 그들은 알프스의 한 빙하에서 꽁꽁 얼어붙은 채 죽어 있는 시체를 발견했던 것이다. 나중에 알고 보니, 그 시체는 무시무시한 눈보라 속에서 죽은 남자였다. 5천 년 전에 말이다!

## 두 개의 빙하 이야기

　모험심 많은 과학자 루이 아가시(Louis Agassiz, 1807~1873)는 스위스에서 빙하를 관찰하며 여름 휴가를 보내던 중 얼음에 푹 빠져 버렸다. 현명했던 가족들은 그와 같이 가지 않았다. 보나마나 그 가족들은 바닷가로 여행을 떠났겠지.
　어린 시절 루이는 스위스에서 살았다 (그래서 아찔아찔한 알프스를 구경하기 위해 멀리 갈 필요가 없었지). 루이는 놀랄 만큼 총명하고 머리가 좋았다. 학교를 졸업하고 대학교에 들어갈 때는 성적이 최상위여야 갈 수 있는 철학과와 의학과에 합격했다. 공부벌레 루이는 의사가 되려고 공부했지만, 의학을 포기하고 어류학을 공부했다. 그러나 그가 공부했던 것은 그저 그런 어류(떡밥으로 쉽게 잡을 수 있는 물고기)가 아니었다. 아주 오래 전에 멸종해서 화석이 된 물고기들이었다.
　나중에 루이는 뇌샤텔 대학의 자연사 교수가 되어, 좋아하는 물고기를 실컷 연구할 수 있었다. 그는 또 지지리도 따분한 책들을 몇 권 썼는데, 불가사리 화석에 관한 책도 있었다. 그 책에는 별별 내용이 다 들어 있었다.
　그런데 이 괴상한 물고기와 빙하가 대체 무슨 관계냐고? 뭐, 아무런 관계도 없다. 루이는 아주 우연히, 예전에 가르침을 받았던 지리선생님의 강연을 듣다가 빙하에 관심을 가지게 되었다. 그 때부터 그는 빙하에 푹 빠졌고 몇 가지 짜릿한 발견을 하기도 했다.
　그는 자신이 발견한 것에 대해 가족들에게 이런 엽서를 썼을지도 모른다. (뭔가 쓸 시간이 있었다면 말이지.)

### 1836 스위스 알프스에서

다들 잘 지내시죠?
즐거운 여행 끝에 무사히 이 곳에 도착했습니다. 옛날 스승인 드 샤르팡티에 선생님을 다시 만나 반가웠습니다. 저희는 여장을 풀고 곧바로 빙하를 향해 출발했습니다. 샤르팡티에 선생님이 말씀하시길, 빙하가 산봉우리와 골짜기를 끌고 내려고, 그 커다란 돌덩이들을 둥글게 깎아고 했던 거 기억하세요? (여백이 없어서 다른 엽서에 써야겠군요.)

스위스
오들 웨이
쿠쿠 가든스
아가시 부부 앞

### 두 번째 엽서...

사실 옛날엔 선생님이 이상하다고 생각했지만, 그 말씀이 옳았습니다. 바로 그런 일이 우리 주변에서 일어났더군요. 게다가 별로 춥지 않은 곳에서도 똑같은 현상을 발견했습니다. 정말 이상한 일이지요. 하지만 샤르팡티에 선생님도 제 생각과 같았습니다. 아주 옛날 그 자리에 빙하가 있었다는 얘기지요. 아주 오래 전에 말입니다. 털장갑 보내 줘서 고마워요. 아주 요긴하게 쓰고 있어요.
사랑하는 루이 보냄 XXX

스위스
오들 웨이
쿠쿠 가든스
아가시 부부 앞

> 그런데 드 샤르팡티에는 루이의 옛날 선생님이란다. 여러분이라면 지리선생님이랑 같이 휴가 가고 싶을까?

집에 돌아온 루이는 스위스 국립 과학 학술원으로부터 빙하에 관해 강연해 달라고 초대받았다. 그러나 그의 주장을 들은 사람들은 얼음처럼 반응이 차가웠다. 그러나 루이는 포기하지 않았다. 그는 곧 다시 산을 향해 출발하게 된다.

우리 호텔입니다!

### 1840 스위스 알프스의 운터라르 빙하

부모님, 보세요.
여기는 저희가 묵는 호텔입니다. 뭐, 사실 오두막에 더 가깝지만요. 게다가 몹시 눅눅하고 불쾌한 곳이지요. 돌로 쌓아 벽을 만들었고, 나머지는 거대한 암반으로 되어 있답니다. 지붕도 바윗덩어리이고, 문 대신 낡은 담요를 사용하고 있어요. 부엌으로 쓰는 곳은 바깥에 있는 바위인데, 선반 같은 모양이어서 식당으로도 쓰고 있습니다. 빙하가 있으니 냉장고는 필요 없겠죠? 저희는 포도주 몇 병을 빙하 속에 집어넣었습니다. 오늘은 빙하의 두께를 재다 보니 하루가 갔습니다. 저희는 쇠막대로 된 자를 등에 매고 빙하를 타고 기어 내려갔죠. 그런 다음 막대 끝을 서로 연결해서 망치로 얼음에 박았습니다. 마침내 바닥에 있는 바위에 닿았는데, 재 보니 300미터였습니다. 막대를 넉넉히 가져가서 다행이었어요. 이곳 풍경은 정말 아름답습니다.
곧 뵙겠습니다.

사랑하는 루이 보냄 XXX.

스위스
오들 웨이
쿠쿠 가든스
아가시 부부 앞

**1841, 운터라르 빙하에서**

부모님께,
굉장한 날이었습니다! 오늘은 크레바스를 탐험해 보기로 했죠. 대수롭지 않게 보였거든요. 처음에는 그네 같은 걸 타고 내려갔습니다. 하지만 아름다운 얼음 빛깔에 감탄하느라 정신없는 나머지 바닥에 다 왔다는 것도 깨닫지 못했지 뭡니까. 저는 이제 그만 끌어올려 달라고 소리쳤지만, 사람들은 제 말을 잘 듣지 못했지요. 드디어 줄을 더 내려보냈습니다. 차가운 얼음물 속으로 말입니다! 제 발이 얼어붙고 말았어요. 그런데 더 심한 일이 벌어졌지요. 올라오는 도중에 빙하 벽 위로 튀어나온 얼음 종유석에 꽂힐 뻔했던 겁니다! 하지만 많이 아프진 않았습니다. 정말 아찔한 모험이었습니다!

   사랑하는 루이 보냄 ×××

스위스
오들 웨이
쿠쿠 가든스
아가시 부부 앞

루이는 빙하를 체험한 덕분에 빙하에 대해 많은 것을 알게 되었다. 약 만 8백 년 전에는 거대한 얼음판이 지구의 3분의 1을 뒤덮고 있었다. 알프스 산맥에서는 그 얼음이 굉장히 두꺼웠으므로, 얼음 위로 고개를 내민 것은 가장 높은 봉우리들 몇 개뿐이었다. 오늘날 반짝이는 빙하들은 그 때의 얼음이 녹고 남은 것들이다. 용감한 루이의 탐험 덕분에 지도에 빙하가 표시되었다. 그러나 정작 루이는 빙하에 대한 관심을 접고, 아메리카를 향해 떠났다. 그리고 돌아오지 않았다. 그는 하버드 대학교에서 동물학 교수가 되어 거북이에 관심을 쏟았다. 그가 66세로 세상을 뜨자, 사람들은 그가 좋아하던 스위스 빙하에서 돌을 가져다 비석을 세워 주었다.

## 아찔아찔한 산봉우리 진상 파일

**이름** : 알프스 산맥
**위치** : 유럽(프랑스, 이탈리아, 스위스, 독일, 오스트리아)
**길이** : 1,200킬로미터    **나이** : 약 천 5백만 년
**산의 유형** : 습곡
**아찔아찔한 사실** :

- 알프스 산맥은 유라시아 판이 아프리카와 충돌하면서 생겨났다.
- 프랑스의 몽블랑이 4,807미터로, 알프스에서 가장 높은 봉우리이다.
- 스위스 알프스에 있는 두 군데의 작은 개울이 세계에서 가장 긴 강 중 하나인 라인 강의 시작점을 이룬다.
- 알프스에서 가장 긴 빙하는 스위스의 알레치 빙하이다. 길이는 26킬로미터이며, 크기는 작은 도시만하다.

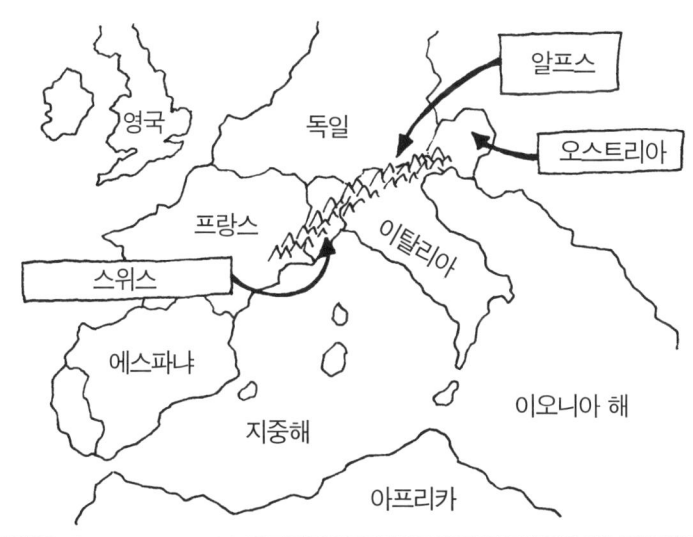

## 두 그림은 무엇이 다를까

바위 위에 오른 양

양을 닮은 바위

양을 닮은 암석은 전문 용어로 '양배암' 또는 '로슈 무토네' (roche moutonée)라고 한다. 바위 표면이 얼음에 깎여 물결 모양의 홈들이 파였는데, 곱슬곱슬한 양털을 닮았기 때문이다. (이 부분에선 여러분의 상상력을 한껏 발휘하도록.) 로슈 무토네라는 말은 프랑스어로 '양을 닮은 바위'를 뜻한다. 다른 견해로는 '18세기 프랑스에서 쓰던 가발'이란 뜻도 있다.

## '나 몰라라' 날씨 보고서

산에서는 늘 날씨 변화에 신경써야 한다. 살아서 돌아오고 싶다면 반드시. 그래도 가고 싶다고? 그럼 클리프가 전하는 '나 몰라라' 날씨 보고서를 읽어 보도록.

## 변덕스러운 날씨 경고

문제는 산봉우리의 날씨가 아주 변덕스럽고 예측할 수 없다는 사실이야. 한순간 화창하고 따뜻하다가도 눈 깜짝할 사이에 폭풍우가 몰아치지. 산이 한 시간 안에 보여 줄 수 있는 날씨는 무려… 네 가지가 있어.

### 꽁꽁 어는 추위

여러분 생각엔 높이 올라갈수록 날씨도 따뜻해질 것 같지? 태양과 점점 가까워지니까 말이야. 하지만 그건 틀린 생각이다. 땅에서 10킬로미터 정도 올라갈 때까지는 100미터씩 높아질 때마다 기온은 섭씨 0.6도 정도 내려간다. 높은 곳의 공기가 희박하고 깨끗하기 때문이다. 높은 산의 공기 중에서는 태양열을 품었다가 내뿜는 공기 입자가 줄어든다. 에베레스트 산 꼭대기의 기온은 섭씨 영하 60도까지 내려간다.

베이스캠프 나와라. 양말 20켤레만 더 보내 주기 바란다. 이상!

려간다. 그 정도면 여러분이 상상할 수 있는 가장 추운 기온보다 여섯 배는 더 추운 것이다. 꽁꽁 얼어죽기 딱 좋은 추위지.

　여름에도 산꼭대기에서는 영하의 추위가 계속된다. 그래서 몇몇 사나운 산봉우리 꼭대기에는 눈이 녹지 않고 남아 있는 것이다. 아무리 더운 지역에서도 마찬가지다. 아프리카의 킬리만자로 산을 볼까? 아찔아찔한 그 산봉우리는 일 년 내내 빙하로 덮여 있다. 불과 몇 킬로미터만 남쪽으로 가면 푹푹 찌는 적도인데도 말이다.

### 살을 에는 바람

　바람이야말로 산에서는 위험한 요소다. (아니, 여러분이 생각하는 그런 바람이 아니다.) 낮에는 바람이 산 위로 올라간다. 밤에는 바람이 반대 방향으로 분다. 불과 몇 분 만에 자동차처럼 빠른 속도인 시속 130킬로미터로 몰아치기도 한다. 그 정도 속도이면 여러분을 쓰러뜨리기에 충분하다. 아니면 날려 버리거나.

게다가 바람 때문에 실제보다 더 춥게 느껴진다. 기온이 섭씨 영하 35도일 때, 바람이 시속 50킬로미터 속도로 분다면 여러분의 몸은 30초 만에 꽁꽁 얼어붙게 된다. 딜딜딜! 그러니 따뜻하게 옷을 입도록.

**번쩍번쩍 번개**

번개는 땅까지 가장 빠른 경로로 가면서 가장 가까운 목표물을 노린다. 그러므로 산꼭대기에 서서 경치를 감상할 때는 조심해야 한다. 그 목표물이 여러분이 될 수 있거든! 자칫하면 쿠키처럼 바삭바삭하게 구워지게 된다. 아니면 벼락과 단단한 우박 세례를 받고 멍들지도 모르고.

콜리플라워를 닮은 뭉게구름은 조심해야 한다. 그런 구름은 폭풍우가 오고 있다는 예고와 같다. 또는 머리카락이 곤두서는 듯한 느낌이 들 때를 조심하라(그건 공기 중에 전류가 흐르기 때문이다). 오싹하지? 그럴 땐 바닥에 납작 엎드려서 폭풍우가 끝날 때까지 기다린다.

**눈앞이 안 보이는 눈보라**

눈보라는 눈을 싣고 사납게 몰아치는 폭풍인데, 예고 없이 닥

치기도 한다. 눈보라가 칠 때는 기온이 곤두박질치고 거센 바람이 여러분 입 속으로 눈을 퍼부어서……. 헉헉……. 제대로 숨쉴 수도 없게 만든다. 눈보라는 비극적인 결과를 몰고 오기도 한다. 실제로 등반가들은 추락해서 죽기보다 눈보라에 날려 죽는 경우가 더 많다.

### 오싹오싹한 죽음의 경고!

만약 해가 뜨거나 질 무렵에 산을 오르게 될 경우엔 절대 뒤돌아보지 말 것. 커다란 그림자 같은 게 등 뒤에 서 있을지도 모르거든. 혹시 유령이 아닐까? 으아아악! 겁먹지 마! 그 섬뜩한 존재는 그림자니까. 그것이 바로 '브로켄 요괴'이다. 그것이 자주 나타난다는 독일의 브로켄 산 이름을 딴 것이다. 그 요괴가 출현하는 데에는 아주 확실한 이유가 있다. 해가 뜨거나 질 때, 주변의 구름 위로 여러분의 그림자를 비추게 된다. 보통 그림자보다 아주, 굉장히 크게 말이다. 그래서 여러분이 요괴 같은 그림자를 보게 되는 것이다. 휴우!

한 가지는 확실하다. 바람이든 눈이든 또는 햇빛이든, 산꼭대기에서는 만만하게 보면 안 된다는 것이다. 아주 사납고 위험하기 때문이다. 그러니까 기분 나쁜 그림자나 양을 닮은 바위 때문만이 아니더라도, 산봉우리에서 살고 싶어하는 건 아무도 없을 것 같다. 그런데 정말 그럴까? 아니다. 깜짝 놀랄 준비를 하고 다음 페이지를 보시라.

# 기이한 자연

세계에서 제일 높은 산봉우리에서는 살아 있는 생물을 찾기가 힘들다. 그런 곳은 바람이 아주 세고 너무 추우니까. 그러나 약간만 아래쪽을 내려다본다면 놀라운 생명체들을 만날 수 있다. 높은 산은 생물이 살기엔 위험하지만, 이상하게도 몇몇 식물과 동물은 꽁꽁 어는 기온 속에서도 씩씩하게 살아간다. 그런 생물은 거센 눈보라를 맞으며 행복하게 산다. 도대체 어떻게 그럴 수 있을까? 우선 이 생물들의 집이 어디쯤에 있는지 찾아보자.

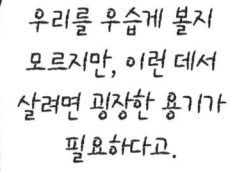

## 산꼭대기에 있는 생명

선생님의 상식을 시험해 보기 위해 까다로운 질문을 하나 해 보자. "푹푹 찌는 열대우림, 바싹바싹 건조한 사막, 얼어붙는 극지방……. 이런 기후가 다 모여 있는 곳은 어디일까요?" 정답은 높은 산이다. 산에서는 위로 올라감에 따라 기후가 달라진다.(높이 올라갈수록 추워진다고 했었지?) 산밑에서 출발할 때는 땀을 뻘뻘 흘리다가도 꼭대기에 가까워지면 추워서 온몸에 소름이 돋는다. 그렇기 때문에 다양한 '식생'이 나타난다(식생이란 그 곳에 사는 동물과 식물을 그럴듯하게 표현한 말이다).

이제 만만치 않은 야생 생물들을 사귀어 보는 건 어떨까? 뭐, 사자의 밥이 되기 싫다고? 걱정 마, 우리의 산악 가이드인 클리프를 대신 보내면 되니까.

## 아찔아찔한 산봉우리 진상 파일

**이름** : 히말라야 산맥
**위치** : 아시아(인도, 네팔, 부탄, 파키스탄, 중국/티베트, 아프가니스탄)
**길이** : 약 2,600킬로미터
**나이** : 3천만~5천만 년
**산의 유형**: 습곡

**아찔아찔한 사실**

- '히말라야'는 '눈이 사는 곳'을 뜻하는 고대 인도어에서 나왔다.
- 세계에서 가장 높은 산맥으로, 세계 10대 최고봉 중 아홉 개가 이 곳에 있다. 가장 높은 봉우리는 에베레스트이다.
- 거대한 빙하와 얼음 덩어리들에 깎여 뾰족한 모양이 되었다.
- 힌두교와 불교에서는 히말라야를 신들의 집으로 여긴다.

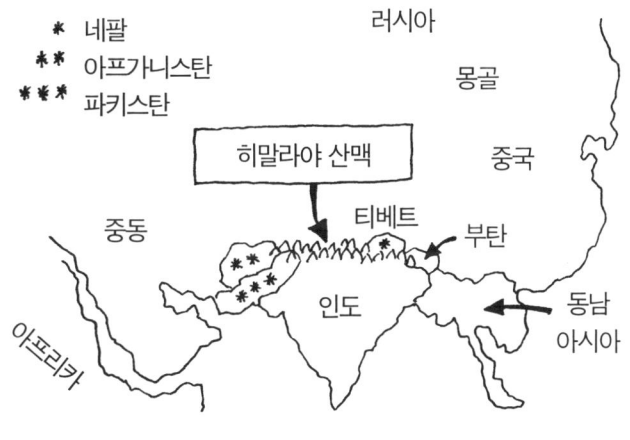

## 고산식물의 생존 작전

춥고, 바람 많고, 건조하고, 돌투성이인 땅에서는 식물들이 말라서 죽을 거라고 생각하는 사람도 있을 것이다. 물도 온기도 없으니, 세포가 꽁꽁 얼어서 양분을 만들지 못할 테니까 말이다. 정말 안됐지? 하지만 많은 식물들이 높은 산에서도 씩씩하게 자란다. 그 식물들이 그렇게 살아가는 건 기적 같은 일이다. 다행히 그 식물들은 생존을 위해 이파리들을 교묘히 이용한다. 식물들의 생존 전략은 정말 다양하지만, 사실로 받아들일 수 없는 괴상한 게 있다. 그것이 무엇일까?

1. 고산 때죽나무의 새싹은 예쁘고 여리게 생겼다. 하지만 친구에게 주려고 이 싹을 꺾었다 가는 손가락이 데일 수도 있다. 이 예쁜 싹은 구멍을 낼 정도로 뜨거운 열을 내뿜기 때문이다. 이 식물은 그렇게 눈을 녹이며 표면으로 올라와 봄에 꽃을 피운다.
그렇다 / 아니다

2. 로키 산맥의 우산식물은 우산처럼 생긴 잎으로 비와 바람을 피한다. 날씨가 건조하고 맑을 때에는 잎을 깔끔하게 접어둔다.
그렇다 / 아니다

**3.** 히말라야 산맥에는 데이지의 일종인 소쉬레아가 있다. 그러나 데이지 꽃 목걸이를 만들 듯이 꽃을 엮고 싶지는 않을 것이다. 잎에 털이 많고 따뜻해서 벌들이 곧잘 달라붙기 때문이다. 벌은 누가 방해하면 몹시 싫어하잖아? 그렇다 / 아니다

**4.** 산의 이끼는 자라는 속도가 아주 느리다. 접시 크기만큼 이끼가 자라는 데에는 몇천 년이 걸리기도 한다. 이끼가 자랄 만큼 따뜻한 날이 일 년에 단 하루가 될까 말까 하기 때문이다. 이런 식물들이 높은 산봉우리에서도 잘 사는 이유는 뭘까? 이끼는 산을 이루는 바위를 녹이고 부서뜨린다. 그런 다음 작은 뿌리를 바위 속에 박고는 양분을 빨아먹기 때문이다. 그렇다 / 아니다

**5.** 산에서 자라는 나무 중에는 버드나무처럼 생겼지만, 키가 몇 센티미터밖에 안 되는 것도 있다. 이런 나무는 너무 작아서 사람들이 모르고 밟을 수도 있다. 이런 나무는 거센 바람을 피하기 위해 낮게 자란다. 이런

나무를 '작은 요정 나무'라고 부르는 사람들도 있는데, 이것을 작은 나무로 여기려면 보는 사람이 꼬마 요정처럼 작아야 하기 때문이다. 　　　　　　　　　　　　　　　　　　그렇다 / 아니다

정답 : 2번만 맞다. 그렇다. 응시생님이 있기는 하지만, 산에서 사는 데 아무리 작은 꼬마 풀이라고 잠깐 살 수도 있다.

## ★ 지구가 들썩일 사실

대부분 고산식물은 바람을 피하기 위해 땅에 바싹 붙어서 자란다. 다 그런 건 아니지만. 아프리카 케냐 산의 기슭 곳곳에는 숫잔대(습지에 나는 여러해살이 풀)에 속하는 로벨리아와 솜방망이라고 하는 특이한 식물들이 있다. 이 키다리 식물들은 키가 10미터까지 자란다. (10미터면 지리선생님 다섯 분의 키를 합친 높이이다.) 그런데 아무도 그 이유를 모른다. 이 식물들은 다른 곳에서는 땅딸막하고 조그만데 말이다. 그런데 거대한 개쑥갓은 가냘픈 서양민들레의 친척쯤 된다. 여러분 집 마당에 커다란 서양민들레가 자란다면 어떻게 될까!

## 기상천외한 동물들의 생활 방식

여러분은 사는 게 불만스러울지 모르지만 그래도 편하게 사는 것이다. 날씨가 추우면 점퍼를 덧입으면 그만이다. 배가 출출하다 싶으면 냉장고를 뒤지면 되고. 그렇지? 적어도 고산동

물들에 비하면 편하다는 얘기다. 이 녀석들의 삶은 아주 팍팍하다. 하지만 사나운 산악동물들은 여기에 굴하지 않는다. 이들은 사나운 날씨와 험한 지형을 극복하는 기상천외한 비법들을 개발했다. 다음에서 고산지대 동물들과 그 고상한 생활 방식을 짝지어 보길.

1. 몸을 따뜻하게 유지하기 위해 몸 색깔이 짙은 갈색이다(어두운 색은 밝은 색보다 햇볕을 더 잘 흡수한다). 높은 에베레스트 산에 살면서 바람에 날려온 작은 꽃가루 알갱이를 먹는다.

2. 두꺼운 털외투를 걸쳐서 몸을 따뜻하게 유지하는데, 때론 너무 더울 수도 있다. 하지만 다리는 맨살을 드러내고 있다. 몸을 식히고 싶을 때는 궁둥이를 쳐들고 바람을 쐰다. 녀석의 끔찍한 버릇은 또 있는데, 바로 적에게 냄새 고약한 음식을 입 밖으로 내뱉는 것이다. 낙타의 사촌이며 안데스 산맥에 산다.

3. 일본 북부 산악지대에 산다. 겨울이면 화산 온천의 뜨거운 물에서 오랜 시간 목욕하며 몸을 따뜻하게 한다. 바깥 기온은 섭씨 영하 15도에 이르지만, 물 속은 43도에 이른다. 녀석은 언제나 물

의 온도를 먼저 확인해서 데이지 않도록 한다.

4. 발굽 모서리가 날카로워 바위 틈새를 파고들 수 있으며, 발굽 가운데는 빨판처럼 비어 있어서 바위에 달라붙을 수 있다. 암벽 등반의 명수이며, 좁은 암벽 난간에서도 떨어지지 않고 걸어다닌다.

5. 죽은 염소나 양의 뼈들을 주워서 높은 산꼭대기까지 날아서 올라간다. 그런 다음 뼈를 바위 위로 떨어뜨려 쪼갠다. 그런 다음 급강하해서 뼛속에 있는 골수를 먹는다.

6. 멕시코에 있는 한 황량한 화산의 높은 비탈에 산다. 하루 종일 꽁꽁 언 채로 견디다가 햇빛에 몸을 녹인다.

정답 : 1.e), 2.d), 3.a), 4.b), 5.f), 6.c)

## 달콤하게 잠자는 시간

일부 고산동물들이 따뜻하게 지내려고 선택하는 방법은 겨울 내내, 봄이 올 때까지 쿨쿨 잠만 자는 것. 바로 겨울잠이다. 높은 산에서는 아주 괜찮은 방법이다. 동물이 추운 겨울을 따뜻하게 지내려면 먹이가 아주 많이 필요하다. 그런데 겨울에는 먹이를 구하기가 쉽지 않거든. 여러분도 이불 속에서 웅크리고 있는 게 기분 좋지? 잠 깨기가 쉽지 않지? 그렇다면 일 년 동안 고산 마못처럼 지내 보면 어떨까?

## 고산 마못의 한해살이

**여름**

겨울에 대비해 두 볼이 미어터지도록 먹이를 잘 먹으면서 여름을 보낸다. 우물거리기에 좋은 것들로는 씨앗, 새싹, 버섯 등이 있다. 그러나 너무 배가 고플 때에는 산에서 자라는 아무 식물이라도 먹어야 한다. 너무 많이 먹어서 통통하게 살이 찌면 굴 속 입구를 지날 때 억지로 몸을 구겨 넣어야 한다.

**가을**

굴 바닥에 푹신하게 풀을 깔아 긴 겨울을 지낼 잠자리를 준비한다. 사실 좀 비좁아서 짓눌린다. 온 가족이 서로 꼭 껴안고 자야 하니까. 그래서 다른 14마리 마못이 코 고는 소리가 귓전을 때리기도 한다. (어린 여동생 코고는 소리가 굉장하거든…) 마지막에 들어온 마못이 마른 풀과 흙, 돌멩이로 입구를 틀어막는다. 그리고 공처럼 몸을 동그랗게 말아 잠에 빠진다. 쿠울…….

## 겨울

 바깥 날씨는 꽁꽁 얼어붙었지만 기분이 좋은 데다가 너무 졸려서 신경 쓰이지 않는다. 심지어 호흡이 줄어들고 맥박수가 떨어지며 체온이 내려간 것도 알아차리지 못한다. 배고픔도 느끼지 않는다. 여름 내내 남아 있는 체지방을 축적하면서 지냈으니까. 3, 4주마다 한 번씩 깨어나서 응가도 하고 쉬도 한다. 너무 피곤해서 냄새나는 것도 모르니까 다행이지.

## 봄

 일어나, 일어나! 일어나서 정신을 차려야지. 마못은 여섯 달 내내 잠을 잤다. 그런데 아직도 졸리다니 무슨 소리야? 그 동안 몸무게가 4분의 1이나 줄어들었다. 날씬해진 몸을 보며 반갑게 인사! 이제 넓은 바깥 세상으로 나갈 시간이다. 그리고 냄새나는 동굴을 깨끗하게 청소해야지!

★ 지구가 들썩일 사실

 산에서는 높이 올라갈수록 공기 중의 산소량이 적어지기 때문에, 동물들(사람도)의 호흡이 무척 가빠진다. 모든 동물(사람도 마찬가지)은 공기 중에 있는 산소를 들이마셔야 한다. 산소 없이는 살 수 없다. 그러나 높은 산봉우리엔 공기가 너무 희박해서 보통 때보다 세 배는 더 많이 숨을 쉬어야 한다. 다행히 산에 사는 많은 동물들은 더 많은 산소를 흡수할 수 있도록 심장과 허파가 훨씬 크다.

## 산에 얽힌 수수께끼들

 많은 고산동물들은 굉장히 수줍음을 탄다. 친구를 사귀지도 않는다. 평생 살아가기가 쉽지 않을 텐데 말이다. 그런데 수수께끼 같은 동물이 하나 있다고 한다. 사실 그 동물이 정말 존재하느냐 하는 것 자체가 수수께끼이다. 이 수수께끼의 동물이 대체 무엇일까? 정신 바짝 차리도록. 곧 알게 될 테니까.

 오랜 세월 동안, 히말라야 산맥에 사는 사람들은 '설인'이라는 털북숭이 괴물이 산에 어슬렁거린다고 이야기해 왔다. 그것이 사람일까? 아니면 유인원일까? 아무도 모른다. 사실 그것이 있다고 확신할 만큼 설인에게 가까이 다가가 본 사람도 없다.

물론 자연 공원이나 동물원에도 설인이 없기 때문에 과학자들이 연구할 수도 없었다. 그래서 이 책에서는 진짜 살아 있는 설인을 추적하기 위해 탐험대를 보내기로 했다. 그 동안 다른 단체에서도 여러 번 탐험을 시도했지만 모두 실패했다. 우리가 숨바꼭질의 명수인 설인을 처음으로 만나는 인간이 될 것인가? 하지만 먼저 지원자가 필요하다. 아주 용감하고 씩씩하며 추위를 타지 않는 사람. 바로 등반가 클리프 같은 사람 말이다.

여기 소개하는 '클리프의 보고서'는 진짜 흥미진진하다. 어서 읽어 보라고! 용기가 있다면 말이다.

## 설인 실종 사건

알다시피 나는 산을 좋아한다. 그래서 등반가라는 직업을 택했다. 그건 우리 집 앞의 큰길을 곧장 올라가는 것과 같았다(당연하지. 난 지극히 정상이거든? 하하!) 게다가 텔레비전에서 탐정 프로그램을 즐겨 보았던 탓에, 이번 사건은 별 게 아니라고 생각했다. 그런데 그것이 나의 첫 번째 착각이었다. 어쨌든 처음 주어진 일은 그 용의자와 면담하는 것이었다. 말이야 쉽지……. 나는 일급 기밀 파일을 뒤져서, 내가 만나야 할 상대를 정확히 알아 보기로 했다.

## 1. 용의자

**이름** : 설인
**인상착의** :

**나타나는 지역** : 아시아의 히말라야 산맥
**알려진 이름** : 본명은 예티, 눈사람이라고도 함.
**알려진 범죄** : 아무것도 모르는 등반가에게 슬쩍 접근했다가 달아나기. 셰르파족은 설인이 불운을 가져온다고 믿음. 그러므로 설인을 보면 도망칠 것.
**알려진 적** : 혹시라도 설인을 만난다면 얌전하게 있을 것. 제발, 부탁이다. 무얼 하든 설인을 화나게 하면 안 됨. 그랬다간 끝장날걸.

주의 : 비슷한 동물이 로키 산맥에서도 목격되었는데, 이곳 사람들은 '빅풋'(bigfoot) 또는 '새스콰치'(sasquatch)라고 한다. 또한 중국, 오스트레일리아, 러시아 및 아프리카에서도 이 무서운 야수가 나온다고 한다. 야수로부터 안전한 곳은 없는 걸까?

## 2. 범죄 현장에서 보내온 비디오 일기

이제 나는 설인으로 교묘하게 변장하고, 히말라야로 출발해서 범죄 현장을 조사할 것이다. 첫 번째 들를 곳은 안나푸르나 산이다. 이 곳은 최근 몇 년 사이에 여러 번 설인이 목격된 곳이다. 그 중 한 번은 영국인 등반가 두 명이 캠프를 세우다가 보았다고 한다(소리도 들었다고 한다). 그들이 본 바로는 설인이 한 10분쯤 서성거리다가 사라졌다고 한다.

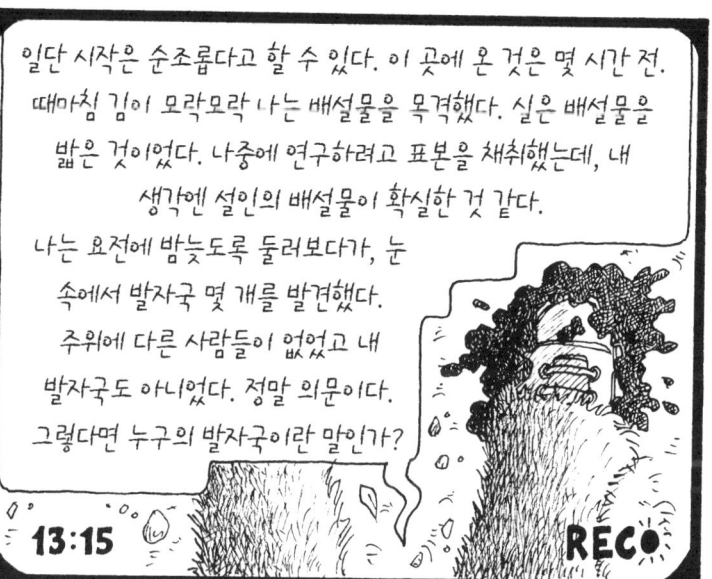

며칠 후……

다시 며칠 후…….

## 3. 증거

 지금까지 나는 성공적으로 임무를 수행하지 못했다. 이 사실을 인정한 사람은 내가 처음일 것이다. 할 수 있는 일은 한 가지뿐이었다. 나는 집으로 돌아가서 다시 그 파일을 찾아보기로 했다. 이제 증거를 포착할 시간이 된 것이다. 다행히 다른 설인 사냥꾼들은 나보다는 운이 좋았던 모양이다.

 그런데 그들은 지금까지 무얼 찾아냈을까?

### ① 목격자들의 증언

 설인을 보았다는 사람들은 수도 없이 많다. 그리고 몇몇 과학 탐험대도 설인을 잡으러 떠났다가 증거를 가지고 왔다. 1980년대에 로버트 허친슨이라는 캐나다의 등반가는 역사상 가장 야심만만한 설인 포획 작전을 벌였다. 작전명은 '예티 88'이었다. 그는 설인을 찾고 설인의 배설물을 채집하려고 했다.(나도 찾아 냈다시피 냄새는 심하게 나지만, 배설물은 굉장히 과학적인 증거이다). 그는 다섯 달 동안 설인의 뒤를 쫓았으나, 안타깝게도 헛걸음만 했다. 그의 기분이 어땠을지 알 것 같다.

② 얼어붙은 발자국

1951년, 영국의 최고 탐험가 에릭 십튼은 에베레스트 산에서 거대한 발자국을 발견했다. 작은 발가락 세 개가 달린 발이었는데, 그 중에서 발가락 하나가 유달리 컸다. 사람의 발자국이라면 그렇게 생겼을 리 없었다. 그런 발자국을 낼 수 있는 동물은 오랑우탄뿐이었다(그러나 오랑우탄은 수천 킬로미터 떨어진 곳에 산다). …아니면 설인이거나.

③ 신성한 머리껍질

한 탐험대는 설인의 실제 머리 껍질을 보았다고 주장했다. 머리는 길고 뾰족했고 짧은 붉은색 털로 뒤덮여 있었다. 그것은 에베레스트 산 근처에 있는 한 불교 사원에 보관되어 있었다. 수도승들은 그 머리껍질을 귀중하고

성스러운 물건으로 모시고 있었다. 사람들은 그 머리껍질을 런던에 가져와 검사해 보았다. 아쉽게도 과학자들은 설인의 머리껍질이 아니라, 평범한 고산 염소의 껍질이라고 밝혔다. 하지만 때로는 과학자의 말도 틀릴 수 있다, 안 그런가?

## 4. 결론

이제 증거들을 종합해 보자. 마지막 결론은 무엇일까? 설인이 존재했다는 것일까? 아니면 설인에 관한 모든 것들이 지어낸 얘기라는 것일까? 어쨌든 나는 내 임무를 다 했다. 그러나 이제 수수께끼 같은 이 사건을 전문가들에게 넘겨야 할 때가 된 것 같다.

아니, 설인은 없습니다. 속지 마십시오. 사진이나 발자국들은 속임수일 겁니다. 설인 발자국을 만들어 낼 수 있는 신발 한 켤레만 있으면 간단하죠. 게다가 희박한 산 속 공기는 사람들에게 이상한 장난을 치기도 하죠. 여러분은 뭔가 무시무시한 것을 보았다고 생각하겠지만 그건 다 상상에 불과합니다. 다만, 거기 분명히 뭔가 있다면 전 이렇게 말하겠습니다. 아마 곰이나 커다란 원숭이일 거라고요. 그 배설물들도 이것으로 설명이 됩니다.

설인?
설레설레

 여러분은 설인이 산에서 볼 수 있는, 가장 이상하고 알 수 없는 존재라고 생각할지도 모르겠다. 그러나 그 생각은 틀렸을 수도 있다. 산기슭에는 훨씬 더 이상한 존재들이 어슬렁거린다. 그런데 그들을 만날 용기가 여러분한테 있는지 솔직히 걱정된다. 어쨌든, 그들이 기분 상할 수도 있으니까 조용히 책장을 넘기도록.

# 산봉우리와 사람들

 만약 여러분이 살 곳을 찾는다면 어떤 곳이 좋을까? 따뜻하고 햇빛이 많은 곳? 바닷가? 뭐? 아찔아찔한 산봉우리 근처는 어림없다고? 그런 곳에 살고 싶어할 사람은 아무도 없을 거라고? 천만에, 틀렸다. 혹독하고 모진 조건에서도 5억이라는 놀라운 수가(세계 인구의 10분의 1쯤 된다) 산지에 살고 있다. 높은 곳이 좋다는 이 사람들은 어떻게 높은 곳에서 견뎌 낼까?

## 산 사람들

 케추아족 인디언들은 남아메리카 안데스 산맥의 고산지대에 산다. 그들은 주로 감자나 보리, 옥수수 등을 재배하며 살아간다. 또한 소와 양, 닭 그리고 라마를 기른다. 만약 여러분이 높은 산에 산다면 라마야말로 아주 쓸모 있는 동물일 것이다. 등에 올라타거나 무거운 짐을 나를 때에도 그만이고, 보드라운 털로 따뜻한 옷을 짤 수도 있다. 그런데 라마는 혹이 없을 뿐이지 낙타와는 사촌지간이다.

 그렇지만 케추아족 마을을 방문할 생각이 있다면 조심해야 한다. 높이 올라갈수록 희박한 공기 때문에 머리가 어지럽고 숨이 가빠질 수 있거든. 그렇기 때문에 억센 케추아족 사람들은 혈액 속에 많은 산소가 공급될 수 있도록 보통 사람들보다 심장과 폐가 약간 크다.

 이들은 또 추운 산의 기온을 견디는 방법들도 개발했다. 라마 털실로 짠 두꺼운 양말을 두 켤레 덧신으면 눈길에서도 맨발로 기분 좋게 걸을 수 있다. 케추아족 사람들 발에는 발이 차갑게

식지 않도록 막아 주는 또 다른 혈관이 있기 때문에 동상에 걸릴 위험이 적다.

## 아찔아찔한 산봉우리 진상 파일

**이름** : 안데스 산맥
**위치** : 남아메리카 (아르헨티나, 칠레, 볼리비아, 페루, 에콰도르, 콜롬비아, 베네수엘라)
**길이** : 약 **8,000**킬로미터  **나이** : 1억 3천 8백만~1억 6천 5백만 년
**산의 유형** : 습곡

**아찔아찔한 사실** :

- 세계에서 가장 긴 산맥이다.
- 최고봉은 아콩카과 산(6,960미터)이며 '돌의 수호자' 라는 뜻을 가졌다.
- 안데스 산맥은 태평양 판이 남아메리카 판 밑으로 들어가면서 생겨났다.
- 산이 너무 높아서 바람과 비구름을 막아 버린다. 그래서 산맥 동쪽은 비가 오지만, 서쪽은 먼지 날리는 사막이다.

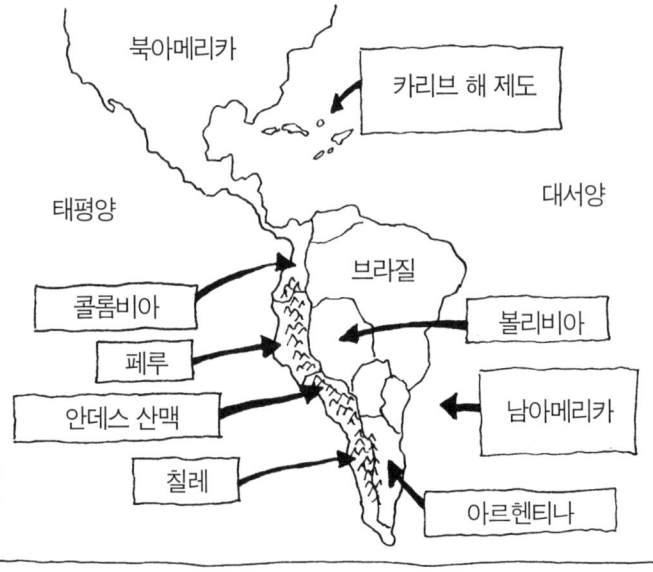

**산에 숨어 있는 보물들**

높은 산에 산다는 건 몹시 힘든 일이다. 많은 산악 부족들은 가난하고 힘겹게 살아간다. 그렇기 때문에 많은 이들이 큰 도시에서 돈을 벌기 위해 산을 떠나고 있다.

그러나 산악 부족의 앞날이 어둡고 불투명한 것만은 아니다. 아무리 아찔아찔한 산봉우리라도 나름대로 쓸모가 있다. 위험한 산에서는 찾지 못할 것 같지만, 실제로 있는 네 가지를 소개한다.

**1. 소중한 물**. 목이 마른데 물 한 잔 구할 수 없다면, 바나나 밀크셰이크나 청량음료 따위는 꿈도 꾸지 말자. 사실 우리가 살기 위해서는 물이 반드시 필요하다. 물을 못 마시면 며칠 만에 죽어 버린다. 우리가 마시는 물은 대부분 굽이치는 강에서 얻는다. 그런데 그 강은 어디서 시작될까? 물론 아찔아찔한 산봉우리에서다. 지구에서 가장 큰 강들은 콸콸 흐르는 산 속 개울에서 시작된다. 또 어떤 강은 높은 산지의 호수에서 시작된다. 또 차가운 빙하 끝에서 시작되는 강들도 있다.

믿을 수 없겠지만, 전 세계인들이 마시는 물의 절반 정도는 이런 강에서 나오는 것이다.

**2. 찌릿찌릿 전기.** 물은 마시기만 하는 것이 아니다. 물을 이용해서 전기도 만들 수 있다. 만약 여러분 사는 곳이 산 근처라면 이런 일이 일어나고 있을지 모른다.

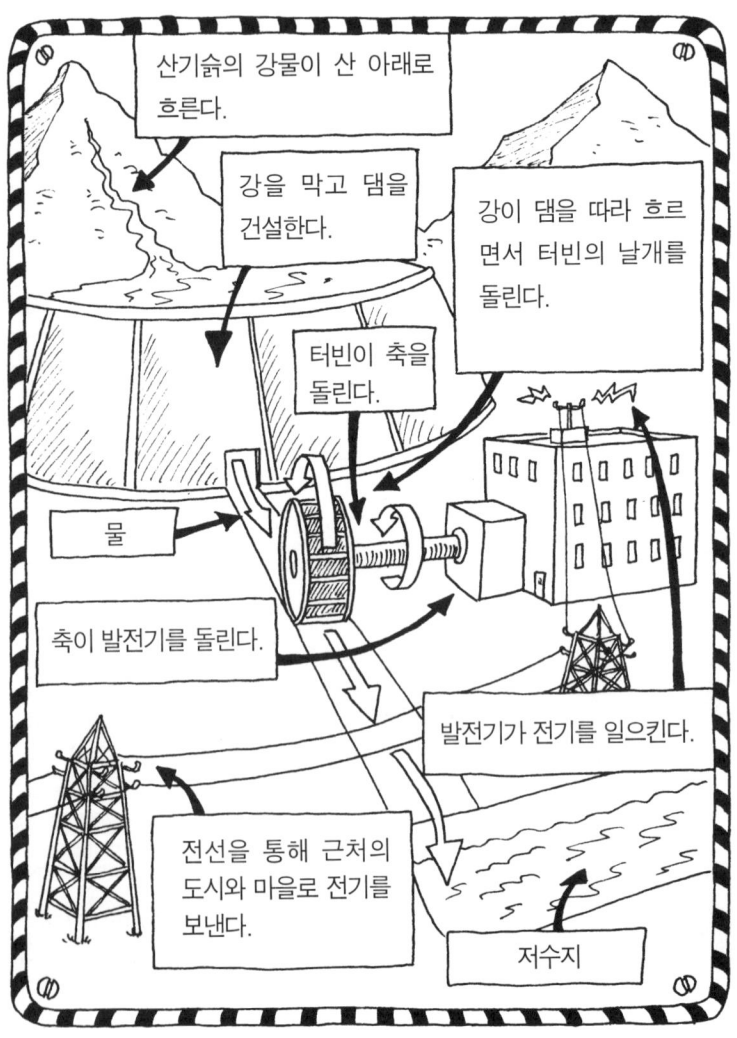

**3. 바짝바짝 밭들.** 많은 산악지대 사람들은 농사를 지으며 산다. 그러나 산에서 농사짓기란 아주 힘든 노동이다. 작물을 심을 만한, 기름지고 평평한 들판을 찾아볼 수 없다. 토양은 매우 척박하고 먼지가 풀풀 날리며, 비탈은 너무 미끄럽고 가파르다. 그렇다면 농부들은 어떻게 할까? 네팔에 사는 셰르파족 농부들은 비탈을 커다란 계단처럼 평평하게 깎아서 밭으로 만든다. 그런 다음 주변에 담을 쌓아 흙과 물을 가둬 놓는다. 정말 똑똑하지? 이런 계단식 밭에서 감자, 쌀, 밀, 보리, 살구 등을 키운다. 이들은 또 양이나 염소, 소 같은 가축을 친다. 겨울에는 가축들을 실내에 들이거나 좀더 따뜻한 계곡으로 데려간다. 여름에는 가축을 몰고 산 위로 올라가서 무성한 풀을 뜯어먹게 한다.

**4. 번쩍번쩍 금.** 여러분이 산봉우리에서 많이 볼 수 있는 것 하나가 바위이다. 여기도 저기도 바위투성이다. 그러나 바위 표면을 긁어 보면 놀랄지도 모른다. 몇몇 산의 암석층에는 금, 은, 구리, 주석을 비롯해 값진 금속이 풍부하다. (루비나 에메랄드 같은 멋진 보석은 말할 것도 없고.) 이런 금속을 캐내는 일은 아주 중요한 사업이다. 하지만 금을 캔다는 건 커다란 모험이다. 여

러분은 노다지를 캘 수도 있지만 반대로 망할 수도 있다. 산에 금광을 파는 것만 해도 시간이 많이 걸린다. 일부 광산은 땅속 몇천 미터까지 파야 하기 때문이다. 그래도 쥐꼬리만한 용돈으로는 더 이상 못살겠다면, 금을 캐어 벼락부자가 되어 보는 건 어떨까?

준비물 :
- 커다란 체 또는 냄비
- 산에서 흐르는 개울
- 시금석(검은 돌)
- 혼자서 하는 카드놀이 상자

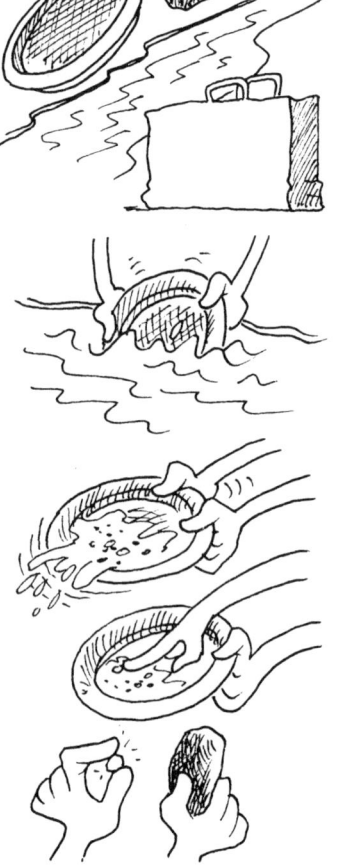

금 캐는 방법 :
1. 체를 개울에 담가서 모래와 물을 뜬다.
2. 체를 살살 흔들어서 모래를 씻으면서 물이 빠져나가게 한다.
3. 체 바닥에 얇은 조각, 쌀알 또는 콩알만한 작은 금이 가라앉아 있을 것이다.
4. 금이 진짜인지 알아 보기 위해 시금석에 대고 긁어 본다. 노란 줄이 생기면… 노다지다! 여러분은 행운을 잡은 것이다.

(노란 줄이 안 생기면 여러분은 속은 것이다. 그 돌은 아마 황철광일 것이다. '바보의 금'이라고 하는 황철광 말이다.)

## 산에서 이용하는 교통수단

그래, 여러분은 열심히 체를 흔드느라 팔이 아프고 몰골도 꾀죄죄해지겠지만 부자가 되었다. 그런데 문제가 있다. 그 금을 대체 어디로 보내야 하지? 여러분은 지금 첩첩산중 산골짜기에 있는데 보석 가게에 짜잔 하고 나타날 수는 없다. 가게는 몇십, 몇백 킬로미터는 떨어져 있을 테니까. (하지만 좋은 쪽으로 생각해 봐. 학교 가기가 힘들어지잖아! 신나지?) 도대체 산악지대 사람들은 A지점에서 B지점까지 어떻게 갈까?

여러분이 산 속 여행을 하려고 한다면 다음 일정표를 확인해 주기 바란다. 설마 버스를 놓치고 싶지는 않겠지? 다음 버스는 앞으로 몇 주 내내 나타나지 않을지도 모른다. 클리프가 여러분의 여행을 책임질 것이다.

### 고산지대의 교통 일정표

#### 1. 도보 여행

준비 됐는지? 아무 쪽 발이든지 먼저 나가는 쪽 발을 내딛고 걷는다. 대부분 산악지대 사람들은 이렇게 걷는다. 셰르파족 사람들은 아주 건강하고 튼튼해서 산기슭까지 등반장비를 지고 올라가는 짐꾼으로 고용된다. 셰르파족은 네팔의 히말라야 산맥 고지대, 특히 에베레스트 산 근처에 산다. 그들은 몇 시간이고 한결같은 걸음걸이로 성큼성큼 걸을 수 있는데, 아주 효율적으로 걷는다. 더구나 셰르파족은 산에서 쉴 만한 좋은 곳이 어디에 있는지 속속들이 알고 있다. 그들은 산봉우리에 산신들이 산다고 믿는다. 그래서 출발하기 전에는 안전한 여행을 기원하는 기도문을 한두 개쯤 읊는다.

- 여행 시간 : 여러분의 걸음 속도에 따라 다르다.
- 사고 위험 : 여러분의 몸 상태에 따라 다르다.

### 오싹오싹 죽음의 경고

절대로 산의 신들을 노하게 만들지 말 것. 산신들은 성미가 아주 고약하다. 한 욕심쟁이 부족장이 킬리만자로 산 꼭대기에서 어른거리는 은을 구해 오라고 산에 군대를 보냈다는 전설이 있다. 여러분은 어른거리는 은이 빙하라는 걸 잘 알겠지만, 그 족장은 빙하 얘기를 들어 본 적이 없었거든. 그런데 한 전사만이 살아 돌아와서 무시무시한 얘기를 전해 주었다. 신들이 전사들을 죽이고 전사들의 손가락과 발가락들을 모두 잘라 버렸다는 것이다.(족장은 동상에 대해 들어 본 적이 없었거든). 은은 어떻게 됐냐고? 그야 물론, 손에 넣자마자 물로 변해 버렸지.

## 2. 야크 타기

고도 6,000미터가 넘는 곳을 지나려면 야크를 얻어 타도록. 긴 털이 북슬북슬 나 있는 이 산짐승은 추위를 타지 않는다. 그리고 가파른 비탈이나 물살이 빠른 강도 단숨에 건넌다. 에베레스트를 오르는 대규모 등반대는 야크 60마리를 동원해서 짐을 나른다. 더욱이 야크의 젖으로 버터와 요구르트를 만들 수 있으며 가죽으로는 신발을, 털로는 편리한 밧줄을 만들 수 있다. 사정이 딱하게 되면 야크를 먹을 수도 있다. 편지를 기다리고 있다고? 야크 등에 매달려 있는 우편물 가방을 살펴 보면 돼.

- 여행 시간 : 야크의 속도는 걷는 속도와 같다. 여러분이 등에 타도 마찬가지이다.
- 사고 위험 : 아주 낮다. 야크는 아주 튼튼한 동물이다. 다만 야크가 장난을 치면 엄지손가락과 가운뎃손가락으로 야크의 콧구멍을 찌른다.

그러면 얌전해진다!

## 3. 터널 타기

편하게 여행하고 싶으면 터널로 향한다. 사람들이 산기슭을 뚫고 길과 철로를 놓았거든. (터널이 없으면 산을 돌아 먼 길을 가야 한다!) 알프스를 비롯해 전세계에 있는 산들에는 수많은 터널들이 있다. 최초의 터널은 1857년에 이탈리아와 프랑스 사이에 있는 몽스니 산에 건설되었다. 이 터널의 길이는 13킬로미터이다.

터널 공사자들은 엄청난 다이너마이트를 폭파시켜 단단한 암반을 뚫고 길을 만들어야 했다. 그런 다음 바위들을 파내면서 앞으로 나아갔다. 공기가 없어 숨이 막히는 데다 바위는 굉장히 뜨거웠다. 그 터널이 완공되기까지 13년이 걸린 것도 무리가 아니다.

- 여행 시간 : 몽스니 터널을 직선으로 통과해 이탈리아에서 프랑스까지 가는 데, 차로 5분 정도 걸린다.
- 사고 위험 : 낮은 편이다. 요즘 터널은 굉장히 튼튼하지만, 그래도 치명적인 화재 위험을 무시할 수 없다.

### 4. 고산 도로 타기

학교 갈 때 차멀미를 하는 사람이라면, 이번 방법은 시도하고 싶지 않을 것이다. 산비탈에 도로를 놓는다는 것은 놀라운 기술이다. 간단하게 곧게 뻗은 도로를 만든다면 좋겠지만 그렇지가 않다. 그러기엔 비탈이 너무 가파르거든. 그래서 기술자들은 U자형 급커브가 이어지는, 지독하게 길고 꼬불꼬불한 길을 만들어야 한다. (U자형 급커브는 '헤어핀'이라고도 하는데, 할머니가 머리를 틀어올릴 때 쓰는 꼬불꼬불한 철사를 닮았기 때문이다.) 얼마나 빙글빙글 도는지 모른다. 저기… 비닐 봉지가 어디 갔지?

- 여행 시간 : 천천히 갈 것. 아주 천천히. 그리고 산사태나 눈사태를 조심한다.
- 사고 위험 : 출발하기 전에 브레이크를 확인한다. 도로 가장자리에 너무 가까이 가지 않는다.

### 5. 열차 타기

긴장은 열차에다 맡기자. 그러나 어지러운 증세에는 대비해야 한다. 도로와 마찬가지로 철로 역시 직선으로 올라가거나 내려오지 못한다. 거대한 고리를 그리듯, 지그재그 모양으로 비탈을 올라가야 한다. 아주 가파른 비탈에서는 열차에 있는 여분의 바퀴가 여분의 철로에 끼워진다. 그래서 열차가 뒤로 미끄러지는 것을 막아 준다. 용감하다고 자부하는 사람이라면 칠레에 있는 안데스 산 횡단 열차를 타 보도록. 몇몇 구간의 고도는 4,500미터를 넘거든. 아마 여러분은 숨도 제대로 못 쉴걸. 희박한 산 공기 때문에 구역질이 날 수도 있으므로, 이를 막기 위해 승객들에게 산소가 제공된다. 참, 잊지 말고 도시락을 싸고 몸을 따뜻하게 해야 한다. 이 열차엔 음식도 없고 난방도 안 되니까.

- 여행 시간 : 안데스 횡단 여행은 원래 서른 시간이 걸리지만, 이틀은 잡아야 한다. 절대 제 시간에 출발하거나 도착하는 일이 없기 때문이다.
- 사고 위험 : 높은 편. 여행 일정에 하루를 더 넣어야 한다.

**희소식 하나**

　머리가 쭈뼛 서는 아찔한 여행에서 돌아와 한숨 돌리고 있는 여러분에게 좋은 소식이 있다. 아찔아찔한 산에서 사는 것은 건강에 좋다는 것이다. 이건 공인된 사실이다. 카프카스 산맥에 사는 사람들은 보통 백 살까지 산다. 그들은 산의 공기를 마시고, 요구르트를 먹었기 때문이라고 말한다. 그래, 요구르트 말이야. 날마다 큰 대접으로 하나씩. 그러니까 냉장고에 잔뜩 넣어두고 꿀꺽꿀꺽 들이키라고.

# 용감한 등반가들

해마다 수천 명의 용감한 사람들이 아찔아찔하게 높은 산봉우리에 오른다. 그냥 재미로! 그 사람들에게 이유를 묻는다면, 약간 수줍어하며 운동이 된다느니 경치가 좋다느니 하며 대답할 것이다. 그렇지 않으면, 그냥 거기에 산이 있기 때문에 오른다고 대답할 것이다. (엉터리 같지만 멋진 핑계다. 이런 핑계는 먹지 말라는 초콜릿을 먹다가 엄마한테 들켰을 때 써먹으면 좋겠지?)

그렇다면 그런 등반가들은 완전히 미친 사람이거나 정신이 나간 사람들일까? 계속 읽으면서 알아 보자. 손에서 책을 놓지 못할걸.

여러분은 재미있어서 손에서 책을 놓지 못하겠지만, 우리 등반가들은 무서워서 손을 못 놓지. 너무 무서워서 몸이 굳어 버린 나머지 움직일 수 없게 되는 경우도 있지. 올라가지도 내려가지도 못 해. 그냥 목숨 걸고 바위에 붙어 있을 수밖에. 난 분명히 얘기했어, 나중에 딴 소리 하지 마.

### 정상을 향해서

정신 나간 등반가들에 대한 멋진 이야기들로 선생님을 감동시키고 친구들을 깜짝 놀라게 해 보자. 그런 방법을 쓰면 여러분은 안락의자에 앉은 채 산이란 산은 다 올라갈 수 있다.

단지 정상에 오르는 짜릿함을 맛보려고 산에 올랐던 첫 번째 인물은 앙투안 드 빌(Antoine de Ville)이라는 씩씩한 프랑스 대위였다. 1492년 6월, 그는 프랑스 왕 샤를 8세의 명령으로 등반대를 이끌고 알프스에 있는 높이 2,097미터의 몽테기유 정상에 오르게 되었다. 당시에는 왕을 즐겁게 해 줄 의무가 있었다. 그렇지 않으면 머리가 도마에 오르는 신세가 되었다. 어쨌든 용감한 드 빌은 사다리 몇 개를 연결해 가며 그 산에 올랐고, 기가 막힌 주변 경관에 감동한 나머지 사흘 밤낮을 내내 정상에 머물렀다. (그는 그렇게 하면 자기가 대단하게 보일 거라 생각했다. 잘난 체 하기는!)

그러나 재미로 산을 오르는 것이 인기를 얻기까지는 아주 오랜 시간이 걸렸다. 산악 지방 사람들은 특히 위험한 산봉우리를 멀리했다. 그들은 산에 마녀와 마귀가 우글거린다고 믿었다. 물론 A지점에서 B지점까지 산을 오르기는 했을 것이다. 그러나 경치를 감상하기 위해서가 아니었다. 누군가 산을 진지하게 오르게 된 것은 드 빌의 등반 이후, 거의 300년 만인 1760년에 이르러서였다. 스위스의 최고 지리학자인 오라스 베네딕트 드 소쉬르(Horace Bénédict de Saussure)가 유럽에서 가장 높은 몽블랑을 최초로 오르는 사람에게 상금을 걸었던 것이다. 그러나 그렇게 해도 지원자가 나서기까지는 26년이란 긴 세월이 걸렸다.

★ 요건 몰랐을걸!

### 알피니즘이란 무엇일까?

파카르 박사와 자크 발마가 몽블랑 정상에 오른 이후, 본격적으로 알프스의 4,000미터 이상의 봉우리들은 하나씩 인간에게 길을 내 주기 시작했다. 많은 유럽의 젊은이들이 알프스로 모여들면서 본격적인 알프스 등반의 길이 열리기 시작한 것이다. 그 전까지 용과 악마들이 살고 있다는 저주받은 산에서 멀쩡하게 살아돌아온 두 사람을 보면서 많은 사람들이 용기를 내기 시작한 것이지. 이렇게 알프스 등반이 본격화되면서 등반 기술은 커다란 전기를 맞이하게 된다. 예전에는 무작정 산에 오르다 강한 눈보라를 만나면 속수무책이었지. 그런데 등반 경험을 쌓으면서 이제까지 볼 수 없었던 새로운 등반 기술과 장비들이 나타나기 시작했다. 특히 로프를 이용해 암벽을 오르기 시작한 것은 획기적인 방식이었지. 또 추운 바람과 눈보라를 만나도 끄떡없도록 튼튼하고 두꺼운 옷과 신발들도 등장하게 되었다. 신발 밑바닥에는 얼음에 미끄러지지 않도록 날카로운 바늘이 삐죽삐죽 튀어나온 아이젠도 장착하고 말이지.

이처럼 장비와 등반기술의 커다란 발달로 알프스 등반은 가속이 붙게 되었다. 이제는 알프스에 오르는 이유가 수정을 채취하거나 사냥을 하거나 양을 기르기 위해서가 아니라 순수하게 정상에 오르는 것이 돼 버렸다. 이제 많은 사람들이 본격적으로 모험을 즐기기 시작한 것이지. 사람들은 이러한 정신을 '알피니즘'이라고 불렀어. 알피니즘은 재미로 정상에 오르는 것을 말하고, 이러한 목적으로 산에 오르는 사람들을 '알피니스트'라고 부르게 되었지. 이러한 알피니즘은 1850년 대에 최고조에 달하게 된다. 특히 1857년에 영국에서 최초의 산악인 단체인 '알파인 클럽'이 탄생하면서 이후 10년 동안 알프스의 거의 모든 봉우리들이 사람들에게 정상을 내어 주게 되었다.

알프스 등반 붐은 1865년 에드워드 윔퍼가 알프스 3대 북벽 중 하나인 마터호른 정상에 서게 됨으로써 일단락되었다. 이제 더 이상 알프스에는 올라야 할 봉우리가 없어진 셈이었다.

## 몽블랑에서 뭉클한 순간

프랑스의 샤모니에 사는 미셸 가브리엘 파카르 박사는 몇 년 동안 망원경으로 몽블랑을 쳐다보고 있었나. 당당한 봉우리가 그의 마음을 사로잡았던 것이다. 그는 두어 번 그 산에 오르려고 했었지만, 정상에는 올라갈 수 없었다. 그러나 포기할 생각은 없었다. 더구나 소쉬르가 내건 상금에 마음이 끌렸다. 결국 1786년 8월 8일 오전 4시 30분, 건장한 파카르 박사는 산으로 떠났다. 그는 그 지역의 수정 채굴꾼인 자크 발마를 데려갔다. 발마는 그 산을 손바닥 보듯 훤히 알고 있었다. (물론 산꼭대기는 빼고.) 등산장비는 뭐냐고? 뭐, 두 사람 각자가 쓸 지팡이와 빵 조금, 그리고 고기와 닳아빠진 담요 한 장이 전부였다. 혹시 눈보라라도 만나면 큰일나겠지.

시작부터 산행은 여간 힘든 게 아니었다. 문제는 일 년 중 그 무렵엔 날씨가 따뜻해서 발 밑의 얼음이 녹아 내린다는 것이었다. 무섭게 입을 벌린 크레바스를 건너는 방법이라곤 거꾸로 떨어졌다가 기어올라가는 수밖에 없었다. 갈수록 태산이어서, 바람은 무섭게 불어닥쳤다. 그들은 고도 3,350미터 지점에서 쉬면서 점심을 먹었다(샌드위치를 만들어 먹는 건 불가능했다. 고기가 딱딱하게 얼어 있었거든.).

그런 후, 두 사람은 등산을 계속했다. 그러나 지쳐 버린 발마는 도저히 더 갈 수 없었다. 그는 더 이상 못 가겠다고 버텼다.

파카르는 우여곡절 끝에 계속 가도록 그를 설득했다. 그들 앞에 가파른 얼음 비탈이 모습을 드러냈다. 팔팔한 파카르가 앞장서서 얼음 도끼로 계단을 만들며 올라갔다.

마침내 오후 6시 32분, 우리의 영웅들은 정상에 도착했다. 열네 시간에 걸친, 길고 힘든 대장정이었다. 두 사람 모두 힘이 다 빠진데다 몸은 얼어붙어 동상에 걸렸고, 눈 때문에 앞이 안 보였다. 그러나 쉴 틈이 없었다. 산꼭대기에는 야영할 곳도 없었으므로 곧바로 내려와야 했다. 그들이 집에 도착한 것은 다음날 아침 8시였다. 그들은 곧바로 곯아떨어졌다. 그러나 두 사람은 역사책에 이름을 남기게 되었고, 소쉬르의 상금을 차지하였다.

## 올라가야 할 많은 산들

뭉클했던 몽블랑 정복 이후, 등반은 결코 뒤로 물러선 적이 없었다. 등반은 크게 인기를 끌었다. 아무나 등산 클럽에 가입하고 모험을 찾아 떠났다. 알프스 산맥의 봉우리들을 하나씩,

차례로 정복하였다. 그런 후에 과감한 등반가들은 좀더 넓은 곳으로 눈을 돌렸다. 남아메리카, 아프리카, 그리고 아시아로. 그렇다면 가장 아찔한 산맥, 웅장한 히말라야는? 그 곳은 지구에서 가장 심술궂고 변덕스러운 산맥이었다. 누가 세계에서 가장 높은 꼭대기에 맨 처음 오르게 될 것인가? 경주는 시작되었다.

죄송하지만 좀 지나가겠습니다.

실례 좀 합시다.

거기 좀 비켜 줘요.

★ 지구가 들썩일 사실

여러분은 1882년에 윌리엄 그린(William Green)의 쿡 산 등반대에 끼지 않은 걸 다행으로 생각하도록. 그는 길잡이 두 사람과 함께 정상에 다다랐지만 갑자기 날씨가 험악해져서 어쩔 수 없이 돌아와야 했다. 그러나 하산하는 도중 날이 어두워졌다. 그들은 오도가도 못하게 되었다. 그래서 목숨을 걸고 작은 암벽 난간에 비집고 앉아 밤을 지샜다. 어쩌다 잠이라도 들면 곧바로 추락할 수 있었다. 결국 그들은 잠을 쫓아내기 위해 사탕을 빨며 찬송가를 불렀다. (다행히 윌리엄은 신부였기 때문에 노랫말을 잘 알고 있었다.)

노래, 노래를 부르라니까!

입에 사탕을 물고 노래하면 위험하다는 걸 몰라?

**산의 수수께끼**

　1924년, 등반가와 포터 300명으로 이루어진 영국의 원정대가 에베레스트를 오르기 위해 출발했다. 2년 동안 계획하고 벼르며 준비한 터라 기대가 높았다. 그들은 에베레스트의 북쪽 기슭, 티베트에 오르기로 계획을 세웠다. 오랫동안 티베트는 외국인의 출입이 금지되어 있었다. 그러나 1920년대에 들어, 외국인 등반가들을 받아들이기 시작했다. 그들은 기회를 놓치지 않았다. 그 중에서 조지 레이 맬러리(George Leigh Mallory)는 그 당시 가장 훌륭하고 유명한 등반가였을 것이다. (왜 산에 오르냐는 질문에, "산이 거기 있으니까"라고 대답한 첫 번째 인물이기도 했다.) 그는 벌써 두 번이나 에베레스트 등정을 시도했지만 정상에 오르지는 못했다. 하지만 그는 이번만큼은 자신이 있었다. 차라리 산을 오르는 도중에 죽는 게 나았다. 어느 누구도 그의 성공을 의심하지 않았다. 맬러리가 못 한다면 아무도 못 할 게 뻔했다.

　당시 신문에 그 사건을 실었다면 이렇게 나왔겠지.

---

6월 9일　　　**지구일보**　　　1924

**티베트 에베레스트 산**
**용감한 등반가들 세계 최고봉에서 사망!**

등반가 조지 레이 맬러리와 앤드루 어빈이 어젯밤 에베레스트 산에서 실종되어 사망한 것으로 보인다. 용감한 두 등반가는 세계 최고봉의 정상을 불과 몇백 미터 앞에 두고 추락사한 것으로 보인다.

맬러리와 어빈

두 등반가의 살아 있는 모습을 마지막으로 본 사람은 동료인 노엘 오델이었다. 그는 맬러리와 어빈이 돌아올 때를 대비해, 아래쪽에 캠프를 세우고 있었다. 그는 구름이 잠시 걷힌 틈을 타고, 멀리서 두 사람이 순조롭게 산을 오르는 모습을 보았다. 그 때가 6월 8일 낮 12시 50분이었다. 이들은 정상을 불과 245미터 남겨두고 있었다.

조금만 더 가면……

"그 능선의 바위 계단 밑으로 작은 눈 비탈이 있었는데, 저는 그 곳의 작고 검은 점 하나를 내내 지켜보았습니다." 오델은 기자에게 이렇게 말했다. "그 검은 점이 움직였습니다. 또 하나의 검은 점도 점점 뚜렷해지면서 비탈에 있는 첫 번째 점에게 다가갔습니다. 이어서 첫 번째 점이 거대한 바위 계단으로 다가가더니 금세 그 위에 나타났어요. 두 번째 점도 비슷하게 움직였죠. 그런 다음 그 매력적인 광경은 또 다시 구름에 가려졌습니다."

그 후 맬러리와 어빈은 다시 나타나지 않았다. 37세의 맬러리는 학교 교장으로, 학창시절 이후 계속 등반을 해 왔다. 친구들과 동료들은 한결같이 그를 용감하고 물러설 줄 모르는 당대 최고의 등반가로 묘사했다. 그의 유족으로는 아내 루스와 어린 세 아이가 있었다.

앤드루 '샌디' 어빈은 22세로 앞날이 기대되는 옥스퍼드 대학교 학생이었다. 뛰어난 스포츠맨으로서 그와 맬러리는 좋은 친구가 되었다.

오늘, 용감한 두 사나이에게 바치는 헌사가 줄을 이었다. 다음은 영국의 왕 조지 5세가 보낸 것이다. "그들은 등반가의 훌륭한 표본으로서, 동반자를 위해 목숨을 아끼지 않고 과학과 발견을 위해 기꺼이 위험을 무릅쓴 사람들로 기억될 것이다."

최고의 짝

우리는 그들이 정상에 올랐는지, 아니면 도중에 죽었는지 결코 알지 못할 것이다.

## 얼음 무덤

1999년 3월, 맬러리가 사망한 지 75년 되던 해, 미국의 한 등반대가 굉장한 것을 발견했다. 그들은 어쩌면 어빈의 시체를 찾을 수 있을 거라 기대하고 있었다. 그들은 1933년에 발견된 피켈과 목격자들의 진술을 바탕으로, 그가 누워 있는 곳을 확신했던 것이다. 눈 속에서 시체 하나가 발견되었다. 차가운 얼음 무덤 속에 얼굴을 처박고 있었다. 어빈일까? 틀림없었다. 그러나 너덜너덜 닳아 버린 옷 위로 꼼꼼히 바느질된 이름표는 예상을 뒤엎었다. 'G. 맬러리', 이름표엔 그렇게 씌어 있었다. 믿을 수 없게도 그들이 찾아낸 건 그들의 영웅이었다. 등반가들은 지극한 존경심을 표시하며, 그가 사랑했던 산에 맬러리를 묻어 주었다. 그러나 수수께끼는 남아 있었다. 맬러리와 어빈이 과연 정상에 올라갔었을까, 노르가이와 힐러리가 오르기 29년 전에? 아니면 정상으로 가던 도중 목숨을 잃은 걸까? 등산에 정통한 두 등반가에게 물어 보는 게 가장 좋겠지.

맞아. 노엘 오델은 시력이 아주 좋았는데, 그가 두 사람을 보았을 때는 정상까지 거리 중 가운데 지점에 있었어. 그리고 남아 있는 산소도 많았지. 게다가 그건 맬러리에겐 마지막 원정이었어. 앞으로 그는 집에서 더 많은 시간을 보내고 싶어했지. 에베레스트에 오르는 건 그의 일생을 건 야망이었어. 오르느냐 죽느냐 하는 문제였거든. 어빈이 가져갔던 카메라만 찾을 수 있다면. 에베레스트 정상에서 찍은 두 사람의 사진 한 장이면 그 사실을 확실히 뒷받침해 줄 텐데.

아냐. 그들은 정상을 눈앞에 두고 돌아서서 내려오는 길에 죽은 게 분명해. 그들은 두 번째 계단에는 가지도 못했어. 거기는 30미터나 되는 수직 암벽이거든. 오늘날 등반가들도 사다리를 타고 겨우 올라가는 곳이야. 게다가 곧 해가 질 시간이었고, 그들은 손전등도 두고 갔었어.

흠. 전문가들도 의견이 엇갈리는군. 어쩌면 이 문제는 영원히 풀리지 않을 수수께끼일 것이다. 여러분의 생각은 어떤지?

## 아찔아찔한 산봉우리 사진첩

그 동안 클리프는 카메라를 들고 유명한 등반가들을 사진 찍느라 바빴다. 그래, 다른 사람의 휴가 사진을 본다는 게 지루할 수도 있지. 하지만 이 특이한 사진첩은 아주 흥미로울걸?

윌리엄은 우연한 기회에 아찔아찔한 산봉우리에 올라가게 되었어. 사실 그는 염소를 찾고 있었어. 그는 수의사가 되려고 공부한 뒤 인도로 건너가서, 솔 만드는 공장을 세웠지. 다들 벌써 눈치챘군! 그런데 솔을 만드는 데 필요한 털실 재료가 히말라야 산맥의 염소 털이었단 말이지. 그래서 윌리엄은 1812년에 성자로 변장하고 히말라야로 떠났어. 그 당시엔 외부 사람들은 환영받지 못했거든. 변장하지 않으면 죽음을 당할 수도 있었어. 납치 당하고 감옥에 갇히는 고생을 겪으면서 마침내 염소를 찾아냈지. 그래서 히말라야 산맥을 탐험한 최초의 외부 사람이 되었어.

여장부 이사벨라는 의사의 권유로 여행을 시작했어. 긴 여행을 하면 건강에 좋다고 의사가 말했거든. 가족들은 그녀가 결혼해서 정착하기를 바랐지만, 그건 그녀에겐 너무 따분한 일이었지. 그녀는 그 대신 혼자서 미국 콜로라도를 향해 떠났어. 로키 산맥에 오르려고 말이야. 거기서 그녀는 '마운틴 짐'이라는 산적과 사랑에 빠졌지. 안타깝게도 짐은 나중에 총격전 속에서 총을 맞고 죽었어. 이사벨라는 여행하는 동안에 기록을 남겼는데, 그 책이 베스트셀러가 됐어. 그리고 시간이 남을 경우에 대비해서 항상 뜨개질감을 갖고 다녔대. 적어도 따뜻한 털장갑이 떨어지는 일은 없었겠지.

## 아찔아찔한 산봉우리 진상 파일

**이름** : 로키 산맥 (줄여서 '로키'라고도 함)
**위치** : 북아메리카 (캐나다와 미국)   **길이** : 4,800킬로미터
**나이** : 약 8천만 년                **산의 유형** : 습곡

### 아찔아찔한 사실

- 제일 높은 봉우리는 콜로라도 주에 있는 엘버트 산으로, 높이는 4,399미터이다.
- 북아메리카에서 가장 큰 강 중 일부는 로키 산맥에서 시작된다. 예를 들자면 미주리 강, 리오그란데 강, 콜롬비아 강, 콜로라도 강 등이 있다.
- 많은 산기슭에는 세계에서 가장 키가 큰 미국의 삼나무와 세쿼이아의 거대한 숲이 울창하다. 이 나무들을 잘라서 귀중한 목재로 쓴다.
- 이 지역에는 겨울이면 '치누크'라는 바람이 불어온다. 이 바람은 눈을 녹여 버리는 뜨겁고 건조한 날씨를 몰고 온다. 그래서 그 바람의 별명이 '눈을 먹는 자'이다.

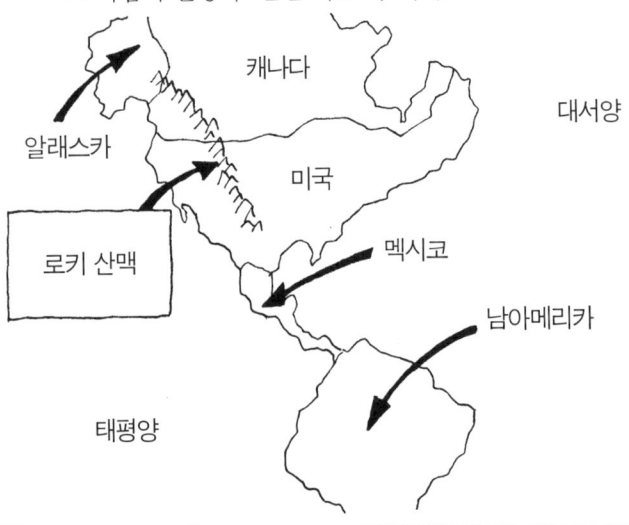

이건 최초로 마테호른 봉에 오른 에드워드 휨퍼랑 내가 같이 찍은 사진이야. 사실 사진을 좀 고치긴 했어. 에드워드는 원래 화가였지만 일을 그만두기로 했어. 그가 이 아찔한 봉우리에 오른 것은 1865년 7월 14일이었단다. 이탈리아 원정대보다 먼저 도착했지. (사실 에드워드는 이탈리아 원정대가 밑에 있는 것을 보고는 돌멩이를 던져서 겁을 주었대.) 에드워드의 원정대는 내려오는 길에 밧줄로 서로를 묶었지. 안전을 위해서 말이야. 그런데 한 대원이 미끄러지면서 다른 세 명의 대원들마저 죽음을 당하는 비극이 벌어졌어. 밧줄이 끊어지는 바람에 에드워드만 유일하게 살아 남은 거야. 아주 운 좋게 살아난 거지.

이 용감한 개는 막대기를 물고 오고 슬리퍼를 씹는 것에는 성에 차지 않았어. 비글개 암컷인 츠킹겔은 1868년부터 1876년까지 주인인 미국인 윌리엄 콜리지와 함께 50여 개의 주요 봉우리를 올랐단다. 아주 굉장한 기록이지. 특히 1875년에는 개로서는 처음으로 몽블랑에 올랐어. 츠킹겔은 몇 번이나 추락할 뻔 했는데 목걸이에 묶은 밧줄 덕분에 살아날 수 있었어. 하지만 자신을 아꼈던 주인이 준 가죽 신발은 절대 신지 않았대. 멍멍!

라인홀트 메스너
1944년 출생

이탈리아 등반가인 라인홀트 메스너는 현대 최고의 등반가라고 할 수 있을 거야. 그는 열세 살 때 알프스의 수많은 봉우리들을 정복했단다. 그는 1970년부터 1986년까지 세계에서 가장 높은 봉우리(고도 8,000미터가 넘는 봉우리들 말이야) 14개를 모두 등정한 최초의 인물이 되었어. 게다가 산소 없이 에베레스트를 오른 최초의 등반가였고, 밧줄이나 안내자 없이 에베레스트를 올라서 기록을 세우기도 했지. 정말 굉장한 사나이야!

**내려오는 방법들**

여러분은 '올라간 것은 내려오게 되어 있다'는 말을 들어 봤는지? 대부분 맞는 말이다. 이런 장면을 한번 상상해 보자. 여러분은 목표로 정한 산봉우리를 힘들게 올라갔다. 잠시 넋을 잃고 주변 풍경을 감상한 뒤 내려갈 시간이 되었다. 산을 내려오는 방법에는 다섯 가지가 있다. 다음 중 너무 위험해서 피해야 할 방법은 어느 것일까?

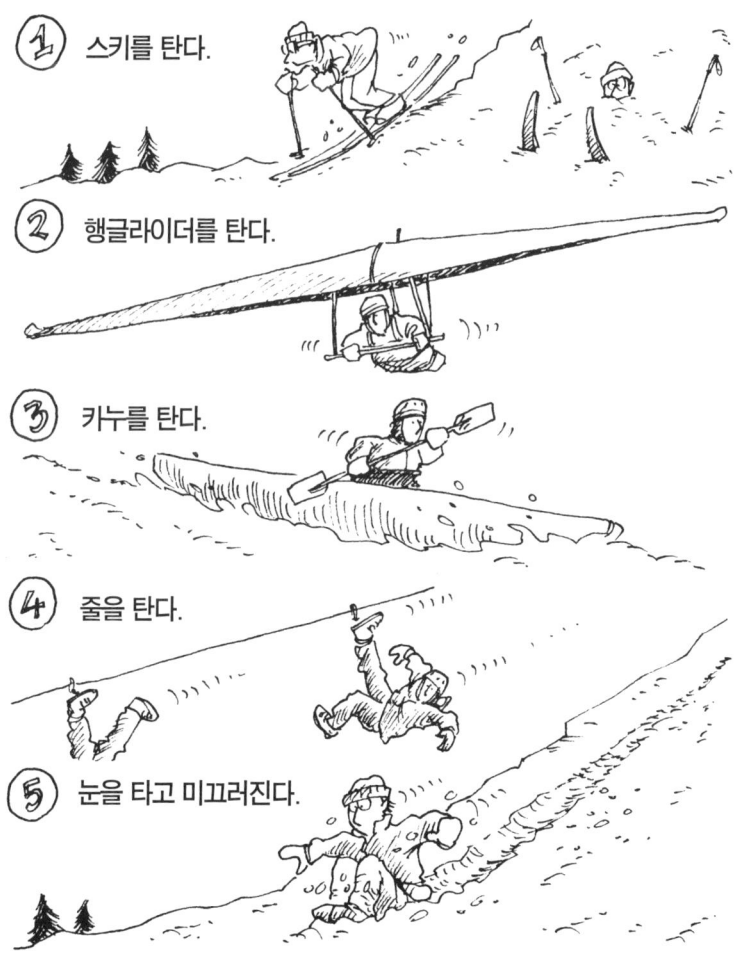

① 스키를 탄다.

② 행글라이더를 탄다.

③ 카누를 탄다.

④ 줄을 탄다.

⑤ 눈을 타고 미끄러진다.

**정답** : 믿거나 말거나, 모두 위험하다. 그런데 이 다섯 가지 방법 모두 실험을 해 봤다는데.

**1.** 해마다 수많은 사람들이 스키의 짜릿함을 맛보기 위해 산으로 간다. 리프트를 타고 올라가서는 스키를 타고 내려온다. 재미를 위해. 그러나 활강 스키는 위험한 스포츠다. 활강 스키를 하려면 제정신으로는 안 된다. 세계 최고의 스키어(skier)들은 시속 250킬로미터에 이르는 아찔한 속도로 산을 내려온다. 초고속 열차만큼 빠른 속도다. 휘익!

**2.** 1980년대에 프랑스의 등반가인 부아뱅과 마르샬은 아콩카과 산 정상을 내려왔다. 걸어서가 아니라, 행글라이더로 말이다! 그들은 20분 동안 공중으로 솟았다가 산 중턱쯤에 착륙했다. 엉뚱한 데로 날아가지 않은 게 다행이었지.

행글라이딩을 거꾸로 타는 것도 괜찮은데!

**3.** 1976년 영국의 카누 선수인 마이크 존스와 마이크 홉킨슨은 에베레스트를 내려오면서 두드 코시 강을 타고 카누로 내려왔다. 이 강은 위도가 높은 곳에 위치해 있었는데, 해발 5,000미터가 넘는 쿰부 얼음폭포의 차디찬 호수에서 시작된다. 그런데 거대한 빙하에서 집채만한 얼음 덩어리들이 계속 떨어져서 아래쪽 강으로 풍덩 떨어지곤 한다.

**4.** 이것은 사람이 절벽 꼭대기에서 밧줄을 타고 미끄러져 내리는 것이다. 그것도 발목을 매달고 거꾸로. 자전거를 타고 앉아서 내려올 수도 있다. 믿을 수 없지만, 위험한 사람들은 아찔함을 즐기려고 이

런 짓을 한다.

**경고** : 이것은 아주 위험한 일이므로 절대 따라 해서는 안 된다.

5. 이것은 전문 용어로는 '글리사드'(glissade)라고 하는데 '미끄러진다'는 프랑스어에서 나왔다. 가파른 눈비탈을 발 또는 엉덩이로 미끄러져 내려오는 것이다. 에베레스트에서 가장 빨리 내려온 기록은 1986년에 세워졌다. 두 명의 등반가가 2,500미터나 엉덩이로 미끄러져 내려온 것. 그들은 멈추고 싶을 때에는 피켈을 브레이크처럼 사용했다. 그들은 세 시간 반 동안 미끄럼을 타면서 내려왔다. 아이구, 엉덩이야!

### ★ 요건 몰랐을걸!

**등반가 11명의 이야기와 비극들**

지구에는 8,000미터급 봉우리 14개가 있다. 14개 모두 히말라야 산맥에 집중되어 있다. 이 14개의 봉우리를 모두 오른다는 것은 최고의 등반가라고 할 만하다. 많은 산악인들이 자신의 젊음과 목숨을 바쳐서 이 기록에 도전할 정도로 14좌 완등은 산악그랜드슬램의 결정판이라고 할 만하다. 8,000미터의 14개 봉우리에는 어떤 게 있을까?

1. 에베레스트(Everest)    8,848미터    네팔/중국
2. 케이투(K2)           8,611미터    파키스탄/중국

| | | |
|---|---|---|
| 3. 캉첸중가(Kangchenjunga) | 8,586미터 | 네팔/인도 |
| 4. 로체(Lhotse) | 8,511미터 | 네팔/중국 |
| 5. 마칼루(Makalu) | 8,463미터 | 네팔/중국 |
| 6. 초오유(Cho Oyu) | 8,201미터 | 네팔/중국 |
| 7. 다울라기리(Dhaulagiri) | 8,167미터 | 네팔 |
| 8. 마나슬루(Manaslu) | 8,163미터 | 네팔 |
| 9. 낭가파르밧(Nanga Parbat) | 8,125미터 | 파키스탄 |
| 10. 안나푸르나(Annapurna) | 8,091미터 | 네팔 |
| 11. 가셔브룸1봉(Gasherbrum I) | 8,068미터 | 파키스탄/중국 |
| 12. 브로드피크(Broad Peak) | 8,047미터 | 파키스탄/중국 |
| 13. 가셔브룸2봉(Gasherbrum II) | 8,035미터 | 파키스탄/중국 |
| 14. 시샤팡마(shisha Pangma) | 8,012미터 | 중국 |

이 14개의 봉우리를 모두 오른 11명의 등반가들은 다음과 같다.

### 1. 라인홀트 메스너(Reinhold Messner)

1944년 이탈리아 티롤에서 태어났다. 1970년 낭가파르밧을 시작으로 1986년 로체에 오르면서 8,000미터 14개 봉우리를 인류 최초로 완등했다. 그는 동시에 8,000미터급 봉우리를 18번이나 오른 기록도 가지고 있다. 에베레스트는 무산소로 올랐으며, 낭가파르밧은 셰르파 없이 단독으로 올랐다. 그는 등반 경험을 바탕으로 20여 권의 저술을 남김으로, 독일과 이탈리아에서 산악문학상을 세 번이나 수상하는 영예를 안기도 했다.

### 2. 예지 쿠쿠츠카(Jerzzy Kukuczka)

1948년 폴란드 스코초프에서 태어났다. 가난한 국가인 폴란드에서 빈약한 장비로 쿠쿠츠카가 이뤄 낸 등반 기록은 메스너를 능가한다고 할 수 있었다. 8,000미터 봉우리 네 개의 동계 초등정 기록과 다섯 개의 신루트 등정 기록을 가지고 있다. 메스너가 17년 걸려 이뤄 낸 업적을 그는 9년 만에 이뤄 냈다. 또한 단독 등반을 주로 하면서도 정상에 오르는 성공률 90퍼센트를 기록할 만큼 뛰어난 등반 능력을 자랑하였으나 1989년 로체 남벽 등반 중 추락하여 히말라야의 품에서 생을 마감했다.

### 3. 에라르 로레탕(Erhard Loretan)

1959년에 스위스에서 태어났다. 그의 등반 스타일은 셰르파 없이 무산소로, 빠르게 오르는 것이다. 알프스에서나 가능한 알파인 스타일로 히말라야 8,000미터 봉우리 14개를 모두 올랐다. 1982년 낭가파르밧을 오르면서 시작된 등반 레이스는 1995년 캉첸중가에 오르면서 8,000미터 14좌 완등이라는 위업을 달성하였다.

### 4. 카를로스 카르솔리오(Carlos Carsolio)

1962년 멕시코에서 태어났다. 그의 등반 스타일을 한 마디로 표현하면 초스피드 등반이라 할 수 있다. 초오유 남서벽을 18시간 40분 만에 등반했으며 로체 서벽을 23시간 50분, 다울라기리 북동릉을 30시간 만에 등정하는 등 그의 등반은 이틀을 넘지 않았다. 85년 낭가파르밧에 오른 것을 시작으로 1996년 마나슬루 정상에 오름으로 14좌 완등의 위업을 달성했다. 그는 한 해에 8,000미터 고봉 네 개를 등정한 기록을 가지고 있으며(이 기록은 한국의 박영석에 의해 깨졌다) 35세의 최연소 14좌 완등기록도 가지고 있다. 또 14좌를 모두 무산소로 올랐으며, 세 개의 신루트와 일곱 개의 단독 등정 등 화려하기 이를 데 없는 등반 기록을 남겼다.

### 5. 크리스토프 비엘리키(Krzystof Wielicki)

1950년 폴란드에서 태어났다. 1980년 에베레스트 동계등정을 시작으로 1996년 낭가파르밧 정상에 오름으로 장장 16년에 걸친 14좌 완등 레이스를 마쳤다. 그의 등반 스타일 역시 카르솔리오와 같은 초스피드 등반과 단독 등반이라 할 수 있다. 브로드피크를 하루 만에 올랐다가 내려와 세계를 놀라게 한 그는 한 달 사이에 14좌 마지막인 K2와 낭가파르밧을 단독 등정하여 14좌 완등을 화려하게 장식했다.

### 6. 휘니또 오이아르자발(Juanito Oiarzabal)

1956년 스페인 바스크에서 태어났다. 1985년 초오유를 시작으로 1999년 안나푸르나 정상에 오르면서 14좌를 모두 완등했다. 그의 등반 스타일을 특별히 꼽을 수는 없지만, 꾸준한 산행으로 여섯 번째로 14좌 완등이라는 위업을 달성했다.

### 7. 세르지오 마르티니 (Serigio Martini)

1950년 이탈리아에서 태어났다. 1983년 K2를 시작으로 본격적인 8,000미터 고봉 레이스의 스타트를 끊은 그는 2000년 5월 19일 로체봉 정상에 오름으로써 일곱 번째의 14좌 완등자로 기록됐다. 그의 14좌 레이스는 갖가지 우여곡절 끝에 완성된 것이어서 더욱 화제가 됐다. 1997년 로체 등정시 다음날 정상에 오른 팀으로부터 그의 발자국이 정상에 도달하지 않은 것으로 밝혀져 2000년에 다시 로체에 도전해 완등자로 인정받았다.

### 8. 엄홍길

1960년 경남 고성에서 태어났다. 88년 에베레스트 정상에 오른 것을 시작으로 2000년 7월 31일 K2에 올라 여덟 번째 완등자로 기록되었다. 그의 등반 스타일은 '히말라야의 탱크'라는 별명에 걸맞게 강한 정신력과 추진력으로 산에 오른다는 점이다. 1989년 안나푸르나 등반부터 1992년 낭가파르밧 등반까지 다섯 번 연속으로 실패를 했지만, 다시 오뚝이처럼 일어나 도전을 했다. 또 1998년 안나푸르나에서 지현옥 대원을 잃고 1999년 캉첸중가에서 다시 두 명의 대원을 잃으면서도 끝내 좌절하지 않고 기어이 14좌 완등을 이뤄 냈다.

### 9. 박영석

1964년 서울에서 태어났다. 1993년 에베레스트 무산소 등정을 시작으로 2001년 K2 정상에 올라 아홉 번째 14좌 완등자로 기록됐다. 1997년과 1998년 사이 일 년간 8,000미터 봉우리 다섯 개를 등정해 이 부분 최고 기록자인 카르솔리오의 기록을 깼다. 현재 8,000미터 봉우리 14좌에 이어 7대륙 최고봉을 모두 완등했으며, 북극과 남극점에도 대륙, 세계 최초로 산악 그랜드슬램에 있어 탐험의 그랜드슬램에 도전하고 있다.

### 10. 알버트 이뉴라테기(Albert Inurrategui)

2002년 안나푸르나를 등정함으로써 열 번째 8,000미터급 14좌 완등자로 기록됐다. 1967년생인 그는 10년 7개월 만에 14좌를 모두 완등했으며 무산소로 올랐다. 그는 12개의 봉을 그의 동생과 함께 올랐으며 가셔브룸2봉(8,035미터) 하산 도중 동생을 잃기도 했다.

### 11. 한왕용

1995년 에베레스트 등정을 시작으로 2003년 7월15일 브로드피크 정상에 오름으로써 11번째 14좌 완등자 클럽에 가입했다. 그의 성과는 네 차례에 걸친 뇌혈관 수술을 받을 만큼 초인적인 의지로 이뤄 낸 쾌거이기 때문에 더욱 값진 것으로 평가받고 있다.

여러분도 최고의 등반가가 될 수 있을까? 에베레스트에 오를 용기가 있는지? 짜릿한 삶을 좋아한다면 일생일대의 모험을 위해 다음 장으로 넘어가도록. 그렇다고 해서 지금까지 아찔한 이야기들을 읽다가 힘이 다 빠져 버린 사람들도 겁먹을 건 없다. 여러분 선생님이 아찔아찔한 산봉우리 현장학습을 그렇게 원하시는데 선생님을 대신 보내면 되지 않을까?

# 산에서 살아남기

아찔아찔한 산봉우리는 머물기엔 위험한 곳이다. 그런데 선생님이 산꼭대기까지 가야 한다고 굳게 계획을 세워 놓으셨다면, 그 분은 최고의 등반가가 될 자격을 갖추고 계신 걸까? 선생님의 체력은 강한지, 위기의 상황에서는 침착한지, 그리고 고도를 견뎌 낼 만큼 머리는 또 튼튼한지, 깜짝 놀랄 만큼 용감하고 고집 센 분이신지 궁금하지 않은가? 선생님이 산에 가시려고 한다면 그런 자격을 가지고 있어야 한다. 등반은 겁쟁이들에겐 어울리지 않는다. 아직도 선생님이 가고 싶어하신다고? 조금도 흔들리는 기색이 없다고? 다행스럽게도 클리프가 선생님한테 요령을 알려 줄 것이다.

### 에베레스트에 오르려면

준비물 :

- 아주 커다란 산
- 폼 나는 여러 벌의 등산복

여러분이 산봉우리에 오르려고 한다면, 그에 맞는 복장을 갖춰야 해. 티셔츠에 청바지 차림이 아무리 근사해 보인다고 해도, 에베레스트에 오를 땐 아무 소용없어. 추위와 바람으로부터 여러분을 보호해 줄 옷이 있어야 해. 안 그랬다간 얼어죽을 테니까. 걱정 마, 여러분을 따뜻하게 지켜 줄 멋진 등산복들이 많이 나와 있으니까. 내가 요즘 유행하는 등산 장비를 착용하고 보여 줄게. 요즘 등반가들은 다 그렇게 입는다구.

## 멋쟁이 등반가 1 (현대의 산악등반가)

**등산복** : 안에 오리털이 들어 있는 원피스 수트(누비이불에 팔과 다리 부분을 붙인 것과 비슷하다). 방수, 방풍은 기본이며 단열 기능도 뛰어나다. 통기성도 좋아서 땀을 배출해 준다. 너무 더우면 벗을 수 있도록 여러 벌을 덧입는 게 좋다.

**후드** : 바람과 눈을 막아 준다. 안전모 위에 덧쓸 수 있을 만큼 꽤 크다.

**헤드토치** : 어둠 속에서 길을 잃고 싶지는 않겠지?

**귀를 덮는 따뜻한 플리스 모자 또는 털모자** : 아주 추울 때는 안전모 속에 모자를 쓴다.

**빙하 고글** : 눈부신 빛으로부터 눈을 보호해 준다.

**얇은 플리스** : '플리스'란 폭신폭신한 털 같은 섬유다. 가볍고 따뜻하며 빨리 마른다.

**보온 티셔츠와 보온 속옷**

**배낭** : 필요한 장비들을 넣고 다니는 가방. 질긴 나일론으로 만들어져 있다.

**스키 폴** : 균형을 잡을 때 편리하다.

**피켈** : 눈을 깎아 계단을 만들 때, 미끄러질 경우 멈출 때 쓴다. 경량재 강철로 만들어져 있다.

**장갑** : 얇은 단열용 장갑과 두꺼운 오리털 장갑 두 개를 겹쳐서 끼는 게 좋다.

**두꺼운 양말** : 양모와 나일론으로 되어 있다.

**산소통** : 가벼운 병에 들어 있어서 간편하다.

**아이젠** : 신발창에 금속 못들이 박혀 있는 장비이다. 눈이나 얼음판을 디딜 수 있게 해 준다.

**질긴 부츠** : 신발창은 눈을 차면서 걸을 때 미끄러지지 않도록 단단한 합성 재료로 만든다. 가볍고 따뜻하며 방수 기능이 있다.

**자외선 차단제와 입술 연고** : 햇빛이 아주 강렬할 수도 있으므로 필요하다.

**각반** : 신발 위로 동여매어 돌이나 물이 들어가지 않게 한다.

여러분은 정말 운이 좋다고 할 수 있지. 여기 1920년대(조지 맬러리가 살았던 시대) 등반가들의 복장을 한번 보라고. 이런 옷을 입고 에베레스트 산에 오르는 모습을 상상해 보자.

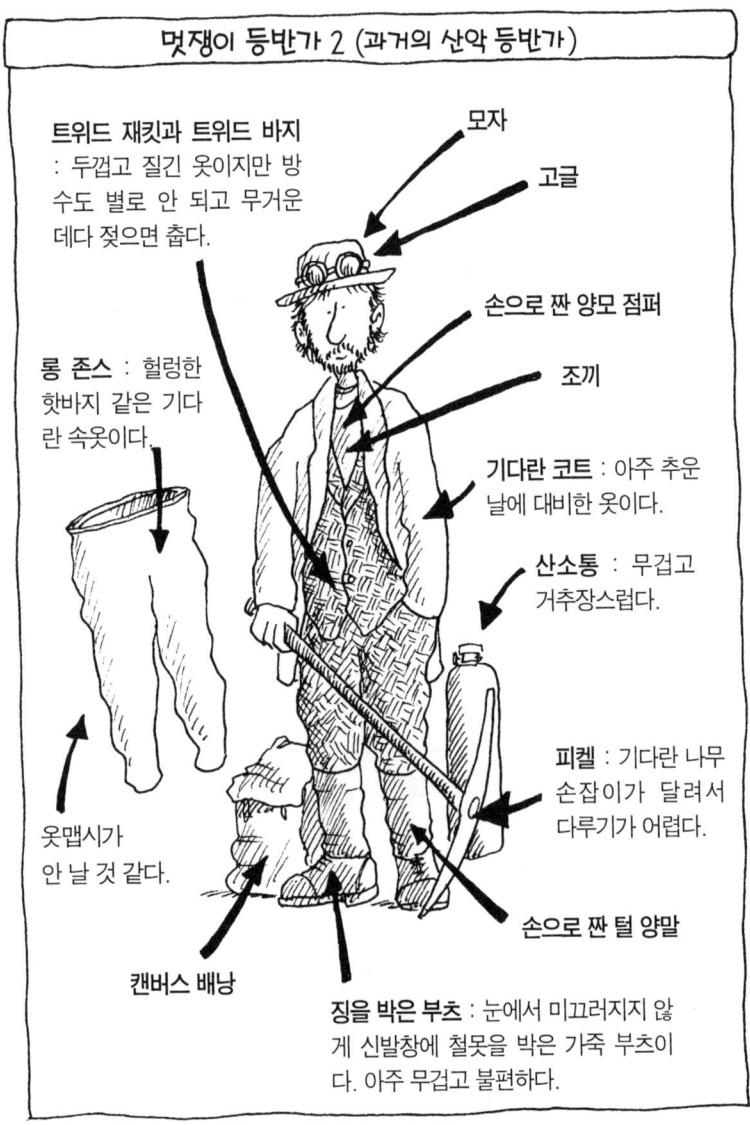

● 믿음직한 로프 : 오싹오싹 무서운 빙하를 지날 때는 다른 사람과 로프를 매어 서로 연결해야 할 경우가 생긴다. 가파른 비탈을 오를 때도 마찬가지. 그러므로 로프는 아주 튼튼해야 하며 절대 끊어져서는 안 된다. 오늘날 등산용 로프는 질긴 나일론으로 만든다. 가볍고 잘 닳지도 않으며 방수가 되어 젖지 않는다. (옛날에는 식물 섬유로 로프를 만들었다. 로프가 젖으면 꽁꽁 얼어서 붙잡고 있기도 힘들었다.) 에베레스트 산의 일부 구간에는 로프가 고정되어 있다. 그 로프에 고리를 끼우거나 몸을 묶어 올라가면 된다.

● 텐트 : 가벼워서 옮기기 좋고 튼튼하고 방수가 되는 텐트가 있어야 한다. 텐트 기둥은 가벼운 금속으로 된 것이 좋다. 이런 기둥은 강한 바람에 약간 휘기 때문에 텐트가 날아갈 위험이 없다. 출발하기 전에 텐트를 설치해 본다. 산 위에선 설명서를 읽

을 시간이 없을 테니까.
- 침낭
- 먹을 것과 마실 것 : 많은 식량이 있어야 한다. 등반하는 데에는 에너지가 아주 많이 소모된다. 일반적으로 등반할 때 먹는 메뉴는 다음과 같다.

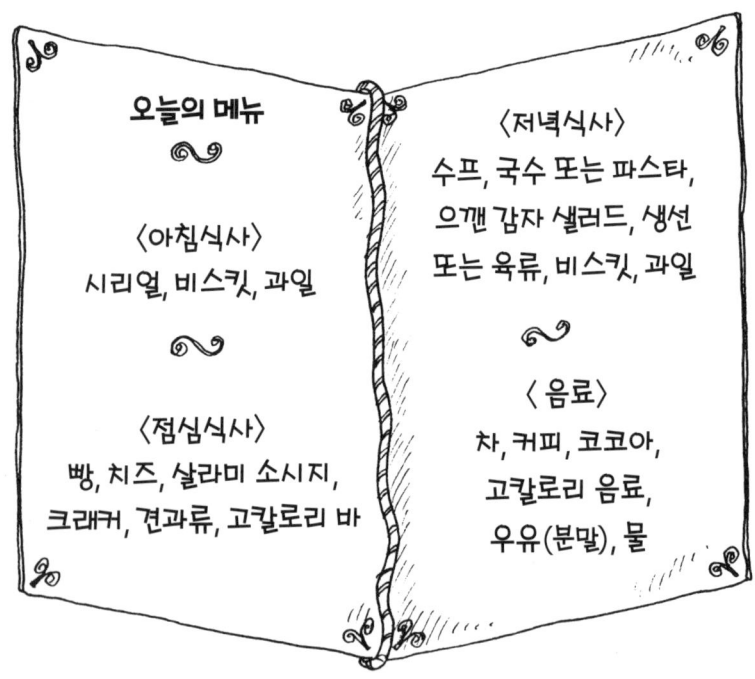

오늘의 메뉴

〈아침식사〉
시리얼, 비스킷, 과일

〈점심식사〉
빵, 치즈, 살라미 소시지,
크래커, 견과류, 고칼로리 바

〈저녁식사〉
수프, 국수 또는 파스타,
으깬 감자 샐러드, 생선
또는 육류, 비스킷, 과일

〈음료〉
차, 커피, 코코아,
고칼로리 음료,
우유(분말), 물

- 요리용 버너, 냄비, 컵, 숟가락과 그릇

실험방법 :

1. 등반 경로를 계획한다. 가장 많이 이용하는 경로는 남쪽 사면(South Face, 노르가이와 힐러리가 갔던 길이다)을 올라가는 길이다. 정상에 오를 때까지 점점 더 높은 곳에 계속 캠프를 설치한다. 가능하면 그게 좋다. 캠프마다 여분의 식량과 장비, 여

러분을 지원해 줄 등반가를 배치한다. 정상까지는 길고 험난한 길이 이어진다. 길을 잃을 경우, 여러분을 도와줄 유용한 지도가 여기 있다.

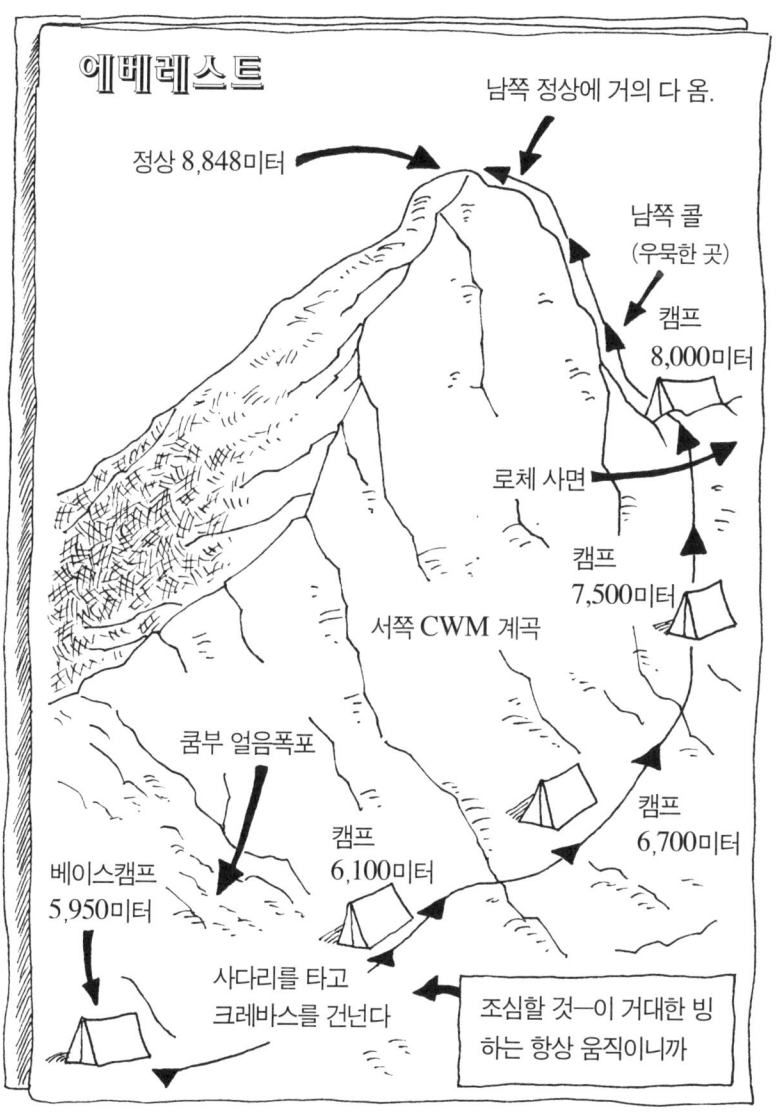

2. 허가를 받는다. 에베레스트 산에 오르려면 허락을 받아야 한다. 입산 요금은 500만 원 정도로 꽤 비싼 편이니까, 지금부터 용돈을 저축하도록.

등반하는 데에 가장 좋은 시기는 5월 중순 경이다. 대부분 그렇다는 얘기다. 여름은 피하도록. 장맛비에 휩쓸릴 수도 있거든. 문제는 변덕스러운 산의 기후가 순식간에 바뀌기도 한다는 것이다. 늘 출발하기 전에 일기예보를 확인한다.

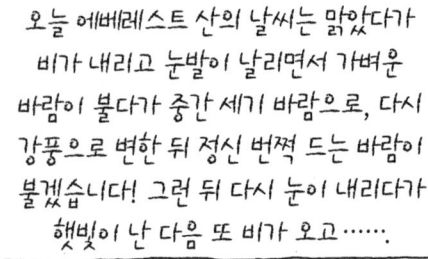

3. 훈련에 들어간다. 에베레스트를 오르려면 강인한 체력을 갖춰야 한다. 그러니까 항상 게임 중독에서 빠져 나오려고 애쓰고 있다면, 이 기회에 완전히 게임을 끊는 게 좋다. 체력을 기르는 좋은 방법은 계단을 뛰어서 오르내리는 것이다. 벽돌을 잔뜩 채운 배낭을 매고 말이다. 익숙해지는 것

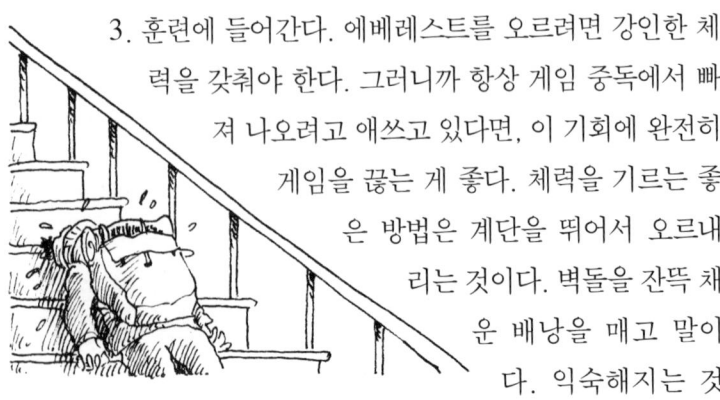

이 좋다. 무거운 등산 장비를 지고 올라가야 할 테니까. 달리기, 수영, 웨이트 트레이닝 역시 체력을 기르기에 좋은 운동이다.

4. 원정대를 선발한다. 등반 원정을 계속 진행하려면 많은 장비가 필요하다. 우선은 베이스캠프까지 짐을 날라야 하고 다시 더 높은 캠프에 또 날라야 한다. 여러분이 그 짐을 다 지고 갈 수는 없다(아무리 웨이트 트레이닝을 열심히 해도). 그러므로 여러분을 도와줄 셰르파족 짐꾼들과 야크를 빌려야 한다. 약 100명 정도가 필요하다. 일부 셰르파들은 고산 등반이 전문이기 때문에 상황이 안 좋아질 경우엔 그들에게 의지할 수 있다.

5. 떠난다. 낭비할 시간이 없다. 베이스캠프까지 가는 데 몇 주일이 걸릴 것이다. 베이스캠프에 도착했다고 해도 겨우 절반만 온 것이다. 잊지 말고 출발하기 전에 산신들의 노여움을 누그러뜨리기 위해 기도를 한다. 가능한 한 모든 도움은 다 필요할 테니까… 행운이 있기를!

### 재미있는 질문

선생님에게 순진한 것 같은 질문을 해서, 선생님을 꽁꽁 묶어둘 시간이다. 손을 들고 미소를 지으며 이렇게 말한다.

선생님, 제 짝꿍의 머리에 나비 같은 것이 붙어 있어요. 제가 잡아서 창 밖으로 날려보내도 될까요?

그럼 선생님이 집어치우라고 말씀하실까?

물론 아니다. 선생님들은 아주 점잖으신 분들이니 허락할 것이다. 알파인 버터플라이라는 것은 날개를 퍼덕거리면서 사람의 머리에 앉는 곤충이 아니라 일종의 매듭이다. 머리 묶을 때 쓰지는 않지만 등반에는 아주 요긴하다. 이 매듭으로 여러분의 몸을 밧줄에 묶으면 떨어지지 않는다. 이렇게 매면 된다.

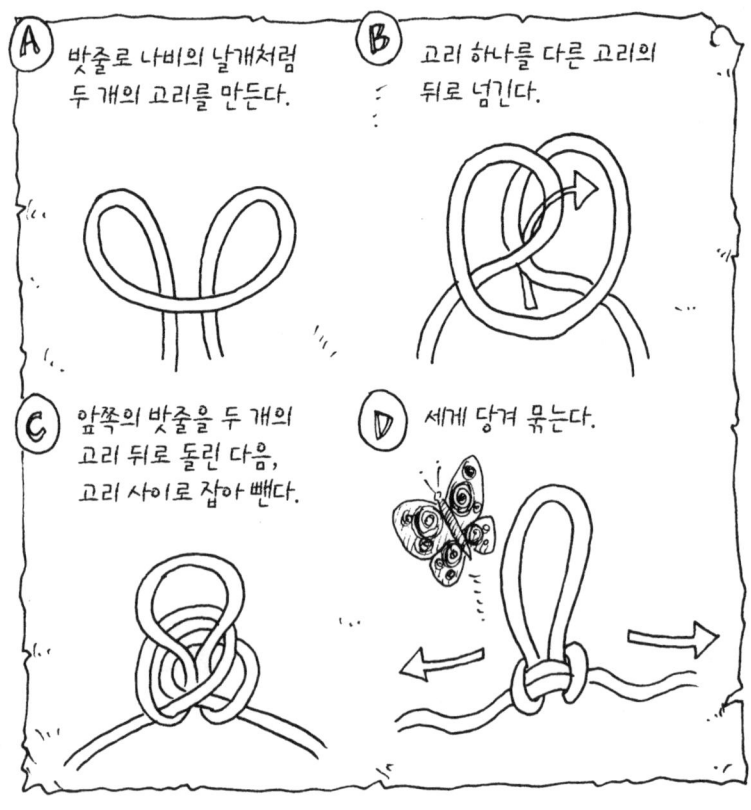

잘 배웠지? 좋다. 살다 보면 이 매듭이 필요할 때가 올 수도 있다.

**오싹오싹 죽음의 경고**

산은 위험할 곳일 수 있다. 지금까지 675명이 넘는 사람이 에베레스트 산에 올랐다. 그리고 160명 이상이 다시 돌아오지 못했다. 선생님이 등산에 대해 진지하게 생각하고 계시다면 반드시 전문가를 찾아 도움을 청하게 해야 한다. 만약 선생님에게 문제가 생기면 선생님은 태양전지 휴대전화나 위성전화로 베이스캠프에 연락할 수 있을 것이다. 대부분의 등반대가 그런 전화기를 가지고 다니니까. 그리고 심하게 다친 사람이 있다면 구조 헬리콥터를 부를 수도 있다. 하지만 헬기가 착륙할 수 있는 곳도 베이스캠프뿐이다. 그것도 날씨가 좋을 때만…….

## 몸이 이상한 것 같다고?

그 밖에도 산에는 여러분을 아찔하게 만들 수 있는 끔찍한 위험이 도사리고 있다. '아찔아찔한 산봉우리 응급처치 요령'을 손에 넣기 전에는 절대 집을 나서지 말 것. 물론 출발하기 전에 읽으면 더 좋다. 그것이 삶과 죽음을 갈라놓을 수도 있으니까.

### 아찔아찔한 산봉우리 응급처치 요령

**1. 저체온증**

증상 : 이가 딱딱 부딪치면서 입술이 파랗게 된다. 천천히 떨기 시작하다가 점점 와들와들 떨게 된다. 피곤한 듯 몸에 힘이 빠지고 제대로 말을 할 수 없으며 판단력이 흐려진다. 이상하지만 여러분은 아주 따뜻하다고 느껴서 옷을 벗기

시작할 수도 있다. 결국엔 쓰러져서 의식을 잃게 된다.

원인 : 바람과 추위 때문에 갑작스레 체온이 떨어지면 생긴다. 사람의 정상 체온은 섭씨 37도이지만, 2도만 떨어져도 치명적일 수 있다.

처치법 : 따뜻하게 몸을 감싸고 음료수를 많이 마셔서 혈액순환을 원활하게 해 준다. 에너지 보충을 위해 단 음식을 많이 먹는다.

## 2. 탈수증

증상 : 목이 마르고 졸리며 속이 메스껍다. 그런 다음 두통이 온다. 걸을 수 없고 제대로 말도 안 나온다. 그리고 자기가 어디 와 있는지도 모른다. 치명적일 수 있다.

원인 : 산을 오르면서 땀을 통해 많은 수분이 빠져나가기 때문이다. 건조한 산의 공기 때문에 상태가 더욱 악화된다.

처치법 : 목이 마르지 않더라도 충분한 양의 물을 마신다. 그런데 미루었다간 너무 늦을 수도 있다. 무슨 일이 있어도 눈은 먹지 말 것. 여러분의 몸이 더 식어 버릴 테니까. 탈수증인지 확인해 보려면 오줌 색깔을 보면 된다. 밝은 노란색

이면 정상이다. 그러나 짙은 갈색이면 문제가 있다.

### 3. 설맹

증상 : 눈이 따갑다가 모든 사물이 불그스레한 그림자로 밖에 안 보이게 된다. 눈에 껄끄러운 모래가 잔뜩 들어간 느낌이다. 그러다가 몇 시간 또는 며칠동안 앞이 보이지 않는다.

원인 : 얼음이나 눈에 반사된 강렬한 태양 광선을 쬐었기 때문이다.

처치법 : 어두운 곳에 들어가서 시원한 물을 적신 수건으로 눈을 덮어 준다. 눈을 비비면 안 된다. 강렬한 광선에서 눈을 보호하기 위해 빙하 고글이나 짙은 선글라스를 끼는 것이 좋다. 아무리 안개 낀 날이라도 말이지.

### 4. 동상

증상 : 손가락, 발가락, 발, 귀, 코 등에 걸린다. 처음에는 따끔거리는 것 같다가 감각이 없어진다. 나중에는 붉게 붓고 물집이 생긴다. 그런 다음 검게 변해 살이 떨어져나간다.

원인 : 피부와 살이 너무 차가워진 나머지, 꽁꽁 얼어서 조직이 죽기 때문이다.

처치법 : 언 부분을 녹여 준다.

동상으로 코가 어는 것을 막기 위해 얼굴을 당겨 준다. 그래도 안 될 경우엔 최후의 수단으로 손가락과 발가락을 잘라야 할지 모른다. 끔찍하지?

### 5. 고산병

증상 : 심한 독감에 걸린 것처럼 머리가 아프고 속이 메스껍고 식욕이 없다. 피곤하지만 잠을 잘 수 없다. 짧은 헛기침을 하고 숨쉬기 힘들다고 느낀다. 심할 때는 헛것이 보이기도 한다.

원인 : 고지대엔 산소가 부족하기 때문이다. 문제는 고산병은 해발 2,500미터가 넘는 곳에서 예고 없이 닥칠 수 있다는 것. 조금 전만 해도 괜찮았는데 어느새 쥐어짜듯 헛기침을 하게 된다.

처치법 : 산을 내려간다. 그렇지 않으면 죽을 수 있다. 아니면 가모 백(Gamow bag, 기다란 나일론 관처럼 생겼는데 펌프로 공기를 넣어 부풀린다.) 속에 들어갈 것. 그 주머니가 허파의 부담을 덜어 줄 것이다. 그런 다음 산에서 내려오면 된다.

## 6. 하반신 무력증

증상 : 하반신 무력증은 허리 아래 부분의 신경이 마비되는 증상이다. 다른 곳은 말짱하지만 하반신만 신경이 마비되어, 혼자의 힘으로는 일어나 걷거나 소변도 볼 수 없는 증세이다.

원인 : 하반신 무력증은 그리 흔하게 일어나는 증세는 아니다. 그러나 이 증세가 나타나면 낮은 지대로 환자를 옮기는 것 외에는 치료방법이 없다.

처치법 : 낮은 지대로 내려가면 신기하게 아무 일 없었다는 듯 회복된다. 베이스캠프나 평지에서 이런 증세가 일어난다면 다행이지만 8,000미터 이상에서 이런 증세가 일어나면 내려와야 한다. 내려오지 않으면 목숨을 잃게 된다.

## 7. 폐수종

증상 : 고지대에서 호흡곤란을 일으키는 환자가 기침을

하거나 폐렴, 기관지염 증세를 일으키면 폐수종을 의심해야 한다. 폐수종은 고소 증세 가운데 매우 위험한 증세로 빨리 응급조치를 하지 않으면 목숨을 잃게 된다. 폐수종 증세는 청진기 없이 환자의 가슴에 귀를 가까이 대 봐도 호흡할 때 뭔가 걸리는 것 같은 소리가 들린다. 응급조치로는 우선 산소호흡기로 환자에게 충분한 산소를 공급해 줘야 한다. 경우에 따라서 감염 증세를 예방, 치료하기 위해 항생제를 투여하기도 한다. 물론 가장 근본적인 치료법은 낮은 지대로 옮기는 것이다.

### 8. 뇌부종

증상 : 폐수종을 그대로 놔 두면 뇌에 부담을 주게 되어 뇌부종으로 발전하게 된다. 뇌부종의 증상으로는 심한 두통, 구토, 소변량이 감소하게 된다. 심할 경우 방향감각이 없어지고 기억상실, 환청, 보행력 상실을 가져오거나 혼수 상태에 빠지게 된다. 응급조치로는 일단 산소호흡기로 산소를 충분히 공급해 주고 신속하게 낮은 지대로 후송해야 한다. 후송할 때에는 가능하면 들것을 이용하여 환자에게 충격을 적게 주고, 편안한 상태가 되도록 한다.

## 살인적인 눈

여러분은 크리스마스 카드에 그려진 깨끗하고 하얗고 포근한 눈을 떠올릴 것이다. 하지만 눈이 살인자가 될 수도 있다. 아무런 예고도 없이 수천 톤에 이르는 눈 더미가 엄청난 눈사태를 내며 산 아래로 내달리고, 그 앞에 있는 모든 것들을 쓸어 버린다. 나무며 사람들, 자동차, 심지어 마을 전부를. 다음의 무시무시한 실화가 보여 주듯, 이 냉혹한 하얀 마수를 피할 방법은 어디에도 없다.

## 끔찍한 눈사태

1999년 2월 23일 오후 4시가 되기 직전, 끔찍한 재앙이 오스트리아 알프스의 갈투어를 덮쳤다. 조용하고 스키 휴양지로 인기가 있던 이 마을은 30년 만에 이 지역을 휩쓴 최악의 눈사태로 파괴되어 버렸다. 마을 주민들과 관광객들은 거대한 눈더미가 마을을 덮어 버리고 그 앞길에 있는 나무와 집, 자동차를 밀어 버리는 장면을 속수무책으로 바라볼 뿐이었다. 31명이 목숨을 잃었고 많은 사람이 크게 다쳤다. 그리고 갈투어 마을이 무참히 파괴되었다. 한 생존자는 그 눈사태가 닥쳤을 때의 끔찍한 순간을 이렇게 묘사했다.

우리가 막 호텔 방에 들어갔을 때 갑자기 사방이 암흑천지가 되었습니다. 그리고 아무런 소리도 들리지 않았죠. 그러더니 뭔가 거대한 충격파 같은 것이 창문을 때리더군요. 다음 순간 그것이 호텔 다른 쪽을 때리는 소리가 들렸죠.

전혀 아무런 예고도 없었기 때문에 사람들이 대피할 시간은 몇 초밖에 없었다. 일부 사람들은 전혀 탈출할 수가 없었다. 혹시 눈 속에 사람이 묻혔다면 그가 살아날 가능성은 실낱같았다. 재앙이 다가온다는 신호라고는 거대한 눈 판이 갑자기 떨어지면서 산 아래로 무너져 내릴 때 천지를 뒤흔드는 굉음뿐이었다. 더욱이 갈투어는 산자락에서 200미터쯤 떨어져 있었기 때문에 사람들은 눈사태가 덮치지 못할 거라고, 안전하다고 생각했던 것이다. 작은 눈사태가 종종 일어나긴 했지만 보통은 마을에 닿기 전에 일찌감치 흩어져 버렸다. 그 골짜기의 다른 곳에는 눈사태가 날 경우 속도를 늦추기 위해 비탈을 가로지르는 눈막이 방벽이 쳐져 있었다. 그러나 갈투어 근처에는 없었다. 거기에 방벽이 필요하다고 생각하는 사람은 없었다. 큰 눈사태는 아무도 예견하지 못한 일이었다.

과학자들은 이 비극이 일어나게 된 것은 알프스의 혹독한 겨울 날씨 때문이라고 믿었다. 사람들의 말로는 가장 혹독한 날씨라고 했다. 2월 한 달에만 4미터라는 적설량을 기록했다. 강한 바람이 눈더미를 몰아붙이면서 심상치 않게 갈투어를 향하고 있었다. 언제든 눈이 밀려나기만 한다면 끔찍한 결과가 벌어질 수 있었다. 사실 그것은 때를 노리며 기다리던 재앙이었다. 설상가상으로 갈투어로 통하는 도로는 물론 항공노선도 악천후 때문에 닷새 동안 막혀 있었다. 마침내 구조대가 도착했을 때에는 일부 사람들은 눈 속에 갇힌 지 16시간이 지난 후였다. 놀랍게도 40명이 살아서 구출되었다. 거의 기적 같은 일이었다.

그런데 눈사태는 대체 어떤 걸까? 그리고 이 말없는 살인마는 어떻게 일어났을까?

## 눈사태에 관한 무서운 사실들

**1.** 눈사태는 산에 쌓인 눈더미가 느슨해져서 갑자기 떨어져 나오며 아래쪽으로 내달리는 것이다. 갈투어를 기습한 것은 '가루' 눈사태였다. 얼음층 위에 부드럽고 고운 가루 같은 눈이 몇 톤씩 쌓인 것이다. 그러다가 얼음에 금이 가기 시작하면 그 위에 있는 부드러운 눈의 층이 불안정해진다. 눈더미가 갑자기 미끄러지기 시작할 만큼.

**2.** 눈이 미끄러지려면 마찰력을 이겨낼 만큼 충분한 무게가 필요하다(마찰력은 눈을 바위에 붙들어 두려는 엄청난 힘이다). 그 다음은 중력이 작용하는 것이다. 갈투어의 경우 17,000톤이라는 엄청난 양의 눈이 비탈 아래로 쏟아져 내렸다. 그것만으로도 굉장한 것이었다. 그러나 눈사태가 마을을 덮칠 때쯤엔 더 많은 눈을 모아오면서 크기가 두 배가 되었다. 그 눈덩이의 크기가 얼마나 했을까!

**3.** 스키를 탈 때는 조심해야 한다. 눈사태는 별별 요인에 의해 시작될 수 있거든. 스키어 한 사람의 몸무게로도 가능하다. 하필이면 눈사태가 자주 일어나는 시기는 1월부터 3월이다. 스키 타기 딱 좋은 때에. 자동차 문을 세게 닫아도 눈사태가 날 수 있다. 심지어 요들을 불러도. 그래, 요들송 말이다. 높은 톤으로

괴상하게 목소리 뒤집는 거 있지? 실제로 스위스의 일부 산지 마을에서는 눈사태의 위험이 가장 높은 봄에는 요들을 부르지 못하게 하고 있다. 그리고 마을 어린이들은 소리지르거나 노래 하지도 못한다. 마치 지리 수업 때와 비슷하네.

**4.** 어떤 눈사태는 시간당 320킬로미터의 속도로 맹렬하게 달리기도 한다. 우와! 그 정도면 레이싱 카만큼 빠른 속도다. 그리고 눈사태는 갈수록 점점 더 빨라진다. 갈투어 눈사태는 얼마나 빨랐는지 완전히 정지할 때까지 꼭 2분이 걸렸다. 별 것 아닌 것처럼 들리겠지만 결국 사람들이 대피할 시간은 겨우 10에서 20초밖에 안 된다는 얘기다. 결코 길다고 할 수 없지.

**5.** 믿기 힘들겠지만 세계 제1차 대전 때는 눈사태가 무시무시한 무기로 사용되었다. 오스트리아군과 이탈리아군은 알프스에서 싸우면서 상대방이 아닌 산꼭대기를 향해 포를 쏘았다. 무서운 눈사태를 일으키려고 말이다. 1916년에는 그런 방법으로 8만 명의 병사가 사망했다. 단 하루 만에!

**6.** 과학자들은 다음 번 눈사태가 언제 어디서 일어날지 예측하는 방법을 찾기 위해 열심히 연구중이다. 그래야 경보를 울릴 수 있으니까. 알프스에서는 산 정상마다 작은 기상관측소가 있어서 기온, 강수량, 적설량 등을 측정한다. 모두가 눈사태에는 결정적인 단서가 된다. 과학자들은 이 데이터를 컴퓨터에 입력

해서 예보 자료를 얻는다. 그렇다면 그것은 얼마나 잘 맞을까? 좋은 소식은 그 예보들이 점점 더 정확해지고 있다는 것. 나쁜 소식은 그게 정확한 과학이 아니라는 것이다. 한 지역 전체의 자료를 가지고 특정한 한 계곡의 예보를 할 수는 없다. 그리고 눈사태는 아주 변덕스럽고.

7. 그렇다면 눈사태를 도중에 막을 수 있는 방법은 없을까? 글쎄다, 다양한 방법이 시도되고 있다. 일부 위험한 봉우리에는 눈의 흐름을 막기 위해 비탈을 가로지르는 강철 방벽을 쌓았다. 그리고 집을 지을 때는 눈사태에 견디도록 튼튼한 콘크리트로 벽을 만들고 눈사태가 나는 방향에 문이나 창문을 내지 않는다. 때때로 전문가들은 일부러 폭약을 사용해 작은 눈사태를 일으키기도 한다. 이렇게 하면 눈이 위험할 정도로 많이 쌓이는 걸 막을 수 있다. 아주 위험한 것 같지만 효과가 있다. 그러나 무시무시한 사실은 일단 눈사태가 일어나 내달리기 시작하면 그것을 막을 방법이 전혀 없다는 것이다.

**클리프가 알려 주는 눈사태 대처 요령**

  만약 눈사태에 갇히게 된다면…….
- 눈사태가 시작되면 바위나 나무 뒤 같은 곳에 피신한다.
- 입을 꼭 다문다. 그래야 눈을 너무 많이 삼키지 않지. 그리고

만약 여러분이 운 나쁘게 눈사태에 갇히게 되었다면 여러분은 뭘 할 수 있을까? 불행하게도 여러분이 살아날 확률은 극히 적어. 세계적으로 눈사태 때문에 일 년에 200명이 목숨을 잃지. 대부분의 경우, 눈이 차가운 콘크리트처럼 사람 주변을 단단하게 덮고 있어서 질식해서 죽는 거야. 정말 끔찍하지. 하지만 너무 겁먹지 마. 나쁜 눈사태가 여러분을 향해 달려온다면 이 소중한 정보를 떠올리라고.

손으로 코를 감싼다. 이렇게 하면 눈 속에서도 조금이나마 숨 쉴 공간을 확보할 수 있다.
- 헤엄칠 때처럼 팔을 마구 휘저으며 똑바로 서 있으려고 애쓴다. 볼썽 사나울 것 같아도 생명을 지킬 수 있다.
- 눈사태가 그치면 침을 뱉어서 몸이 어느 쪽으로 향하고 있는지 알아 본다. 침이 턱 쪽으로

떨어지면 똑바로 된 위치이다. 만약 침이 얼굴 위로 떨어지면 거꾸로 있다는 얘기다. 움직일 수 있으면 눈을 파헤치고 나온다. 침이 떨어진 반대 방향으로.

- 항상 무선 트랜시버를 갖고 다닌다. 이것은 목에 거는 작은 장비인데 눈 속에 묻힌 여러분을 구조대가 찾을 수 있게 요란하게 삑삑거린다.

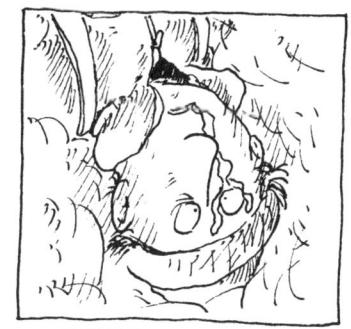

실종자를 수색중이라면……
- 여러분이 가진 트랜시버 스위치를 수신 모드로 놓는다. 그러면 구조 신호음을 포착할 수 있게 된다.

- 혹시 단서가 있는지 신중하게 주변을 수색한다. 설침기라는 기다란 막대를 이용해 아래 사람이 묻혀 있지는 않은지 눈을 (살살) 찔러본다.

- 개를 같이 데려간다. 개는 후각이 아주 예민하기 때문에 희생자의 냄새를 기막히게 잘 맡는다. 번쩍거리는 첨단 장비들은 잊어 버려라. 지금까지는 개가 최고다.

- 누군가를 찾아내면 곧바로 눈을 파서 사람을 꺼내야 한다. 우물쭈물할 시간이 없다.

불과 30분만 지나도 대부분의 피해자가 죽는다. 우선 이들의

입부터 드러내어 숨쉴 수 있게 해 준다. 구출한 뒤엔 빨리 하산시킨다.

아찔하고 무섭지? 뭐, 겁먹을 필요는 없다. 어차피 여러분이 눈사태에 휩쓸릴 가능성보다는 남은 학교 생활 동안 지리 숙제를 면제받을 가능성이 훨씬 더 크니까. 게다가 그런 일이 생기기나 하겠어?
 하지만 산이 있기 때문에 산을 오른다는 얘기 때문에 마음 불편해할 것은 없다. 끔찍한 인간들이 못된 버릇을 고치지 않는다면 산들은 그 자리에 오래 머물지 않을지도 모르니까…….

# 산을 지켜 내는 방법

모든 위험에도 불구하고 이것은 분명한 사실이다. 끔찍한 인간들이 산에 미쳐 찾아간다는 것이다. 그런데 변덕스러운 산봉우리들이 사람들이 오는 걸 좋아할까? 아니면 그 수많은 사람들의 발자국이 그 대가를 불러올까? 산은 언제까지나 그 자리에 있을 것처럼 보이겠지만 겉모습에 속으면 안 된다. 산은 보기보다는 훨씬 더 연약하다.

드디어 아프리카의 신비한 산 킬리만자로로 떠날 시간이 됐군.

## 고통스러운 산

차가족 사람들은 수백 년 동안 킬리만자로 산 기슭에서 살고 있다. 그들은 이 산을 신성하게 여기고 지극 정성으로 보살핀다. 어쨌든 그 사람들보다 더 가까이 하늘에 다가갈 수 없다고 한다. 사실 킬리만자로는 그냥 산이 아니다. 킬리만자로에서 퐁퐁 솟

는 많은 샘들은 차가족 사람들이 마시고 곡식을 자라게 해 준다. 산이 없으면 그들은 살지 못한다. 그러나 오늘날 이 산은 심각한 위험에 처해 있다. 그와 함께 차가족의 전통적인 생활 방식도 사라질 위험에 놓였다.

1970년, 킬리만자로는 그 아름다운 경관

을 보호하기 위해 국립공원으로 지정되었다. 이 웅장한 봉우리에 오르는 짜릿함을 맛보기 위해 해마다 수많은 관광객들이 탄자니아를 방문한다. 정상까지 6일이면 갔다 온다. 관광객들은 탄자니아가 무척 필요로 하는 돈을 들고 오고, 수많은 차가족 사람들이 짐꾼으로, 가이드로 고용되었다. 여기까지는 좋다. 문제는 일 년에 5만 4천 명의 짐꾼과 가이드는 말할 것도 없고 약 1만 8천 명의 등반객들 때문에 킬리만자로가 피곤해하고 있다는 사실이다.

　수많은 등반객들이 산 위에서 야영하면서 불을 때느라 상당한 면적의 숲을 베어 버렸다. 그리고 모닥불에서 부주의하게 날아간 불꽃 하나가 산불을 일으키면 엄청난 면적의 산이 재가 되어 버린다. 그 곳에 나무가 다시 자라기까지는 아주 오랜 세월이 걸릴 수 있다.

　더욱이 이런 변화는 차가족의 생활까지 바꿔놓고 있다. 이들은 강제로 산에서 내려와 산 아래의 팍팍하고 더러운 평원에서 살아야 한다. 이들은 산기슭에서 식량을 구하고 가축을 치며 살던 사람들이었다. 그러나 이제는 더 이상 그런 일은 하지 못하게 되어 있다. 안타깝게도 많은 사람들이 산을 등지고 있다. 그리고 아주 가난한 사람들이 많다. 그래서 숲에 몇 그루 남지 않은 나무를 잘라다 그 귀중한 목재를 팔아 돈을 번다. 나무가 점점 적어지므로 숲은 물을 저장하지 못한다. 비가 내려도 땅속에 스며드는 게 아니라 그냥 흘

러 버린다. 그래서 이 산에는 예전처럼 샘이 많지 않고(이런 샘은 지하수가 표면으로 솟아오르는 것이다) 강은 점점 말라간다. 따라서 사람들은 더 많은 고통을 받게 된다. 사람이 마시고 농사를 짓는 데 쓸 물이 부족해지기 때문이다. 끔찍한 악순환이 되풀이된다.

이제 사람들은 사태를 바로잡으려 애쓰고 있다. 더 많은 나무를 심고 등반객들의 수를 제한하고 있다. 어린이들은 지리 수업 시간에 산을 사랑하도록 배우고 있다. 그게 효과가 있을까? 아직 확신하기엔 너무 이르다. 그러나 이 웅장한 봉우리가 급속히 무너지지 않도록 하는 것은 소중하다.

★ 요건 몰랐을걸!

**악마의 산 세레토레**

여러분은 나쁜 마법사나 드라큐라와 같은 악마가 나오는 영화, 소설, 애니메이션을 본 적이 있을 것이다. 악마가 살고 있는 곳은 거의 다 인간이 오를 수 없는 가파른 절벽에 자욱한 안개 구름이 산 주변을 떠돌고 있다. 거기다 불길한 분위기를 강조하기 위해 까마귀까지 등장시키면 정말 무시무시한 마법사나 드라큐라와 같은 악마가 등장하지 않고서는 못 배길 것이다. 세레토레는 바로 그러한 신비로운 산이다.

세레토레의 정상에 서면 아름다운 남미의 팜파스 초원과 해안 절벽, 그리고 빙하와 호수들을 볼 수 있다. 그 아름다운 풍경은 목숨을 걸고 정상에 오른 등반가들에게 충분한 보상을 해 준다. 그런데 문제는 목숨을 걸어도 세레토레 정상을 밟기가 쉽지 않다는 것이다. 보기만 해도 기가 질려 버리는 가파른 능선. 수직으로 1,200미터의 직벽을 오르기 위해서는 최고의 암벽등반가들이 며칠은 걸려야 오를 수 있다. 거기다 세레토레의 날씨는 악명이 높기로 유명하다. 축구공처럼 걷어찰 정도로 사나운 사람과 눈보라를 만나면 더 이상 등반은 엄두도 내지 못한다.

　유유히 떠도는 구름은 멀리서 바라보면 아름답지만 구름 안에 갇혀 본 사람들은 평생 그 악몽에서 깨어나기 힘들 것이다. 악마의 산이라고 부르기에 손색없는 산이 바로 세레토레인 것이다. 세레토레는 아르헨티나의 파타고니아 지역에 위치해 있다. 세레토레는 주변에 토레 에거, 판타 헤론, 세로 스텐드하트 등의 산이 둘러쌓여 있는데 네 개의 봉우리 중 세레토레가 가장 높다. 정상에 오르기까지는 보통 베이스캠프에서 3일에서 8일 정도 걸린다고 하니까 슈퍼 알피니즘의 발상지라고 불릴 만하다. 등반에 결정적인 영향을 미치는 것이 날씨인데, 특히 남면의 날씨는 최악이기 때문에 대부분의 등반 루트가 동쪽면에 집중되어 있다. 처음으로 정상에 오른 사람은 C. 마에스트리와 T. 에거로 알려져 있지만, 확실하지는 않다.

### 오싹오싹 죽음의 경고

　피로가 쌓인 산은 킬리만자로뿐이 아니다. 히말라야 역시 앞날이 밝지가 않다. 왜냐고? 네팔에서는 땔감으로 너무 많은 나무를 베어 버려 많은 산비탈이 맨살을 드러내고 있다. 흙을 단단히 붙들어 주는 나무 뿌리가 없으면, 흙은 쉽게 물에 씻겨내려간다. 심각한 산사태의 위험은 접어 둔다고 해도 이런 흙이 산의 강에 쌓이면 많은 문제가 생긴다. 이것이 강 하류에서 심각한 홍수를 일으키는 것이다.

## 아찔아찔한 산봉우리 진상 파일

**이름** : 킬리만자로 산   **위치** : 아프리카 탄자니아
**높이** : 5,895미터   **나이** : 50만 년~30만 년
**산의 유형** : 화산

**아찔아찔한 사실**

- 킬리만자로는 아프리카에서 가장 높은 봉우리이다. 평야를 배경으로 우뚝 솟아 있다.
- 킬리만자로라는 이름은 지역 언어로 '반짝이는 산' 또는 '샘의 산'이란 뜻이다.
- 실제로는 세 개의 뾰족 봉우리가 한데 모여 있다. 키보 봉이 가장 높으며 마웬지 봉, 시라 봉 등으로 이루어졌다. 키보 봉은 200년 전 폭발한 후 잠자고 있는 휴화산이다.
- 앞으로 100년 안에 키보 봉의 거대한 빙하들은 영원히 사라질 수 있다. 지구가 점점 따뜻해지는 온난화 때문이다. 이미 지난 100년 동안 빙하는 반으로 줄어들었다.

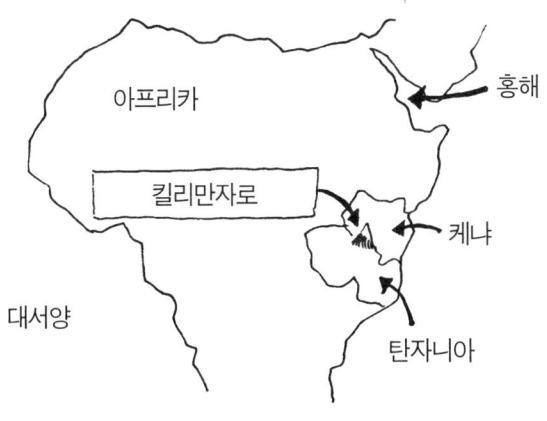

## 산보다 높은 쓰레기

등반가들 사이엔 금언이 있다. 산에 오를 때는, 어느 산에 오르든지 발자국 말고는 아무것도 남기지 말라고. 현명한 충고지. 아찔아찔한 산봉우리는 아주 예민한 곳이다. 산이 절대 사양할 것이 있다면 여러분이 가서 어지럽히는 것이다. 그런데 말이지, 세계에서 가장 높은 쓰레기장은 어디 있게? 에베레스트 산 꼭대기이다. 생각 없는 등반가들이 버리고 간 쓰레기가 60톤에 이른다. 커다란 동네 쓰레기통 600개를 채울 만한 분량이다. 게다가 그 쓰레기는 에베레스트 산과 그 자연에 치명적인 영향을 주고 있다. 산에서 발견되는 기가 막힌 것들은…

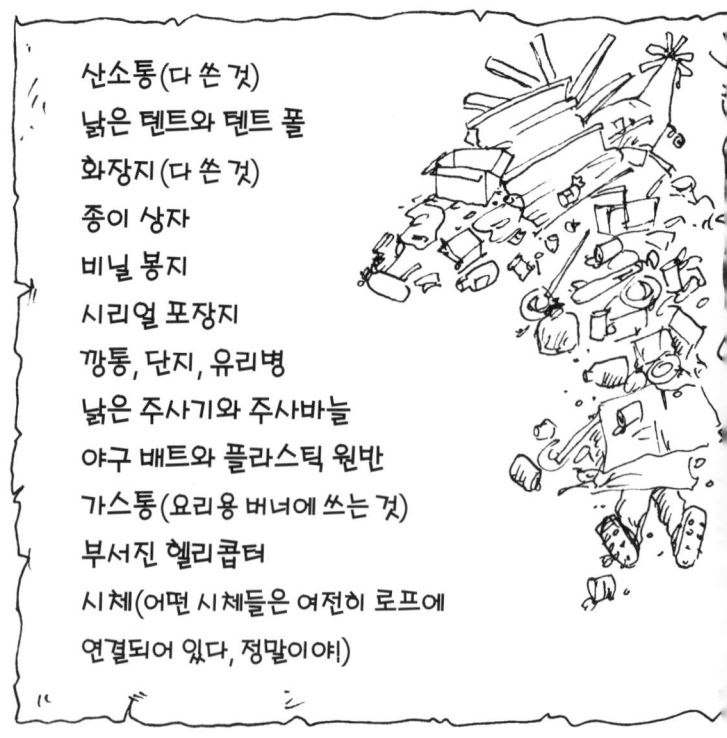

산소통(다 쓴 것)
낡은 텐트와 텐트 폴
화장지(다 쓴 것)
종이 상자
비닐 봉지
시리얼 포장지
깡통, 단지, 유리병
낡은 주사기와 주사바늘
야구 배트와 플라스틱 원반
가스통(요리용 버너에 쓰는 것)
부서진 헬리콥터
시체(어떤 시체들은 여전히 로프에 연결되어 있다, 정말이야!)

# 산봉우리 보살피기

산들은 분명 더럽혀진 상태지만, 그렇다고 앞날이 아주 암울한 것만은 아니야. 산을 다시 깨끗이 하자는 캠페인이 벌어지고 있거든. 여러분 주변의 산부터 시작하는 게 어때? 주변에 산이 있다면 산이 좋은 컨디션을 유지하도록 여러분이 할 수 있는 일을 하는 거야. 어디서부터 시작해야 할지 모르겠다고? 다음 장으로 넘겨 봐. 몇 가지 간단한 규칙이 있으니까.

1. 불을 피울 때는 가능한 한 나무를 적게 사용하는 거야. 그리고 나중에 꺼진 불도 다시 확인하는 거 잊지 말고.
2. 썩는 쓰레기(종이 같은 것, 그래. 시체들도)들은 태우거나 묻으면 돼. 나머지는 싸서 집에 가져가야지. 요즘은 에베레스트 산에 쓰레기를 버리면 많은 벌금을 물게 돼.
3. 산에 흐르는 개울은 맑고 깨끗하게 지켜야 해. 결국엔 마실 물로 쓰이거든. 그러니까 개울에서 그릇을 씻거나, 볼일을 보면 안 돼. 더러운 물은 나쁜 병을 퍼뜨릴 수도 있어.
4. 꽃을 꺾거나 식물을 캐어 오지 않도록 해야지. 여러분이 손대지 않아도 야생 동식물들이 살기가 힘들어지고 있으니까.
5. 마지막으로 2002년은 국제 산의 해였어. 그러니까 나가서 산을 한 번 껴안아 줘. 어서! 보는 사람도 없는데 뭘.

## 아찔아찔한 산의 미래?

그렇다면 아찔아찔한 산봉우리들의 미래는 어떻게 될까? 아무도 모른다. 하지만 한 가지는 분명하다. 산들이 계속해서 자라나고 또 줄어들 거라는 사실이다. 해마다 조금씩 조금씩. 그리고 그 현상에 대해 누가 어떻게 할 수 있는 방법도 없다. 지구의 지각판들이 계속 움직이는 한 우리가 알고 있는 많은 산들이 사라지게 될 것이다. 어째, 기분이 오싹해지지? 그러나 그런 일은 하룻밤 사이에 일어나지 않는다. 알다시피 산을 만드는 것은 수백 수천만 년이 걸리는 일이거든. 동시에 새로운 산들이 항상 태어나고 있다. 그리고 전문가들에 따르면, 이 아찔아찔한 새로운 산들은 하늘을 찌르는 에베레스트보다 더 높이 자랄 수도 있다고 한다. 그거야말로 놀라운 일이지 않은가?